W0369413

Sommaire

Préface

Dans le vaste champ des recherches en éducation, après les travaux féconds portant sur la relation éducative, la clarification d'objectifs pédagogiques et le développement des démarches didactiques, il importait que soit prise en considération la maîtrise de l'abstraction. *Le fonctionnement mental du sujet de l'enseignement, l'élève, ne pouvait plus être occulté, tenu pour automatique ou abandonné au hasard des jachères : il devait être exercé. Tant il est vrai que l'affinement des processus intellectuels appelle des interventions méthodologiques auprès des élèves, auprès de chaque élève, suivant des perspectives différenciées : afin d'assurer en chacun les bases d'une pensée cohérente et confiante, préparée aux acquisitions culturelles des cursus ultérieurs.*
Il faut donc se réjouir de l'opportunité du présent ouvrage, apportant une contribution originale à l'édification *d'une* pédagogie de la réussite. *Son message est important, aussi bien pour de jeunes enseignants que pour des collègues plus anciens. Il effectue une synthèse entre des méthodes centrées sur les savoirs et une démarche centrée sur l'individu apprenant, approché dans le fonctionnement même de son intelligence. Il présente des possibilités efficaces pour exercer les jeunes esprits à la précision dans les échanges et dans les acquisitions, préparant à une gestion des formes mentales les plus abstraites : il offre la chance de temps forts pour la pensée logique.*
Les conceptions et les pratiques que nous propose Britt-Mari Barth proviennent d'une expérimentation approfondie au long de dix années. Elles ne sont, en aucune façon, le produit fortuit de démarches empiriques non justifiées. Elles sont, au contraire, référées de façon réfléchie à une démarche de théorisation qui les clarifie, les explique et les situe dans leurs véritables dimensions, dans l'aire de la pédagogie cognitive, *même si elles font appel à d'autres théories et à de multiples éclairages. En elles se tresse un lien serré entre des valeurs de rationalité et l'action pédagogique dans sa réalité quotidienne.*
En nous l'exposant, Britt-Mari Barth nous fait participer concrètement à sa démarche, ouvrant à des réflexions fertiles mais nous offrant aussi un outillage pratique. En présentant un modèle en quelque façon « moléculaire » du concept, avec un noyau de signification auquel

s'articulent une quantité définie de caractéristiques ou d'attributs comme autant d'« atomes », elle rend possibles une préparation soigneuse d'un enseignement, *par exemples et contre-exemples bien distribués, mais aussi un* apprentissage dynamique et vivant *pour les élèves stimulés au discernement des caractérisations présentes ou non, complètes ou insuffisantes dans ces exemples. Chaque jeune, individuellement comme en groupe ou en classe, peut en conséquence se familiariser, aux divers âges, à la rigueur des conceptualisations (des « constructs », disent nos collègues anglo-saxons).*
C'est ainsi une stratégie d'apprentissages « constructivistes » *qui est mise en évidence : tirant ses justifications notamment de Bruner, mais aussi de Piaget, ainsi que des travaux les plus récents sur le fonctionnement cérébral (dans l'équilibre alterné entre le cerveau gauche et le cerveau droit) ou la linguistique. L'optique est nettement définie : « comment aider les élèves à construire leur savoir », comment « apprendre à conduire consciemment ses pensées ». L'auteur se place dès lors dans le mouvement moderne d'une formation méthodologique des élèves, qui apparaît de plus en plus nécessaire tant pour l'efficacité des systèmes d'enseignement que pour la santé de la société tout entière.*
Mais il faut se réjouir de la continuité, revenue de Suède par les mérites de Britt-Mari Barth, avec la tradition cartésienne *qui nous fit jadis discours sur « la méthode pour bien conduire sa raison et chercher la vérité dans les sciences ». C'était en 1637. Il y aura, pour la parution de cet ouvrage, trois cent cinquante ans : un anniversaire qui méritait d'être célébré dans une certaine fidélité rénovatrice.*

17 juillet 1987
André de Peretti

Knowing is a process, not a product.
Jerome S. Bruner

A *Frédéric, Stéphanie* et *Christophe*
dont les cheminements vers l'abstraction
sont la source même de cette réflexion.

Ma gratitude va à celles et à ceux
qui ont parcouru un bout de chemin avec moi :
professeurs, amis, collègues, stagiaires, élèves...

Introduction

Sur cent élèves de troisième, douze se retrouvent en terminale trois ans plus tard [1]... Face aux difficultés scolaires qui touchent la majorité de nos élèves, personne ne peut rester indifférent. Le parcours d'obstacles commence tôt dans notre système ; la sélection se fait plutôt par l'échec que par la réussite et l'élimination impitoyable commence à un âge bien jeune. Beaucoup d'élèves sont obligés de quitter l'école contre leur gré, souvent avec une sensation d'échec et d'impuissance ; ils sont donc mal préparés pour une orientation professionnelle. Ce qui est une situation déplorable, voire un drame pour l'individu, l'est également pour notre société en pleine mutation technique et sociale. On se trouve devant un double échec. D'une part, on élimine des élèves qui ont un potentiel intellectuel parfaitement normal et on prive leur intelligence d'une formation nécessaire, tout en entraînant chez eux une dévalorisation de l'image de soi et, par conséquent, la perte de confiance en leurs propres capacités. De nombreuses recherches récentes [2] confirment en effet ce qu'on avait déjà pu constater : la déficience intellectuelle cause moins d'échecs scolaires que d'autres facteurs, notamment le manque de rigueur et de méthodes intellectuelles dans l'acquisition des connaissances. D'autre part, la France a un besoin criant de futurs citoyens qui, à tous les niveaux, disposent d'outils intellectuels performants. Or, ce n'est pas avec une jeunesse démoralisée et frustrée qu'on construit une société.

Le problème n'est d'ailleurs pas spécifiquement français.

Suédoise d'origine, avec une formation et une expérience professionnelle en partie acquises aux États-Unis, mon « regard pragmatique » a examiné l'école française dès que le premier de mes trois enfants y devenait élève il y a seize ans... Essentiellement admirative devant cette institution scolaire qui valorise le savoir, je me demandais toutefois, dès cette époque, pourquoi si peu d'élèves étaient élus. Je trouvais le gâchis humain et intellectuel regrettable : n'était-il pas possible d'en faire réussir un plus grand nombre ?

Cette question est toujours d'actualité ; mais d'autres considérations s'y ajoutent : pour répondre aux demandes de l'économie d'aujourd'hui et de l'ère postindustrielle, il y a un besoin accru de jeunes Français

1. SPRESE, n° 5442, p. 7, Service de la prévision des statistiques et d'évaluation.
2. Cf. Benjamin Bloom, *Caractéristiques individuelles et apprentissages scolaires*, Nathan, Paris, 1979.

suffisamment formés intellectuellement. Que ce soit pour des motifs humains ou économiques, nous sommes maintenant dans l'obligation d'agir puisque nous constatons qu'un système ancien ne remplit plus sa fonction dans un contexte nouveau.

De nouvelles réformes prévoient certes de mener 80 % d'une classe d'âge au baccalauréat d'ici à l'an 2000. Pour éviter le nivellement par le bas, il est urgent de diagnostiquer les difficultés scolaires actuelles, d'admettre le fait de l'hétérogénéité des élèves et de mettre en place des situations d'apprentissage diversifiées qui permettront à un plus grand nombre d'acquérir les connaissances et les capacités dont ils auront besoin demain. Autrement dit, il est urgent de susciter la réussite chez un maximum d'élèves tout en respectant les objectifs qu'on souhaite atteindre – et qu'il faudrait définir avec plus de précision.

Le problème est évidemment très complexe et demandera un énorme effort de toutes les parties impliquées : le monde politique et économique, les institutions scolaires et les familles.

Dans la perspective d'une pédagogie différenciée assurant le développement des structures intellectuelles, cet ouvrage se propose de diagnostiquer un aspect des difficultés scolaires, l'aspect cognitif, et de faire des propositions méthodologiques correspondantes. La pédagogie – interaction entre l'enseignant et l'élève en vue de la transmission des connaissances – y a sa place naturelle et centrale. Les fondements théoriques, dont ces propositions sont le reflet, seront présents tout au long de l'ouvrage.

A travers la théorisation d'une pratique pédagogique il donne la possibilité au lecteur d'approfondir sa propre réflexion sur les processus intellectuels qui devraient toujours être mis en œuvre dans un apprentissage visant l'abstraction. Une meilleure compréhension de ces processus est le point de départ indispensable pour diagnostiquer les difficultés et concevoir des situations d'apprentissage différenciées.

Le cadre conceptuel de cette recherche est issu d'abord de la psychologie cognitive et tout spécialement des travaux et des théories du psychologue américain Jerome Bruner, un de ses pères fondateurs. Mais elle s'insère également dans d'autres disciplines comme la neurologie, la linguistique et l'intelligence artificielle.

L'analyse des difficultés scolaires et les propositions méthodologiques présentées constituent l'aboutissement actuel d'une recherche et d'une expérimentation pédagogiques, effectuées pendant une période de dix ans. Je les propose ici, en souhaitant que chacun puisse y trouver matière à réflexion et prétexte à un renouvellement pédagogique.

Chapitre 1

Les difficultés de l'abstraction :

un point de vue cognitif

On peut imaginer notre cerveau comme une véritable usine, très active, où les matériaux sont sélectionnés, stockés et utilisés pour la fabrication de nouveaux produits. C'est le cerveau qui organise et met tout en œuvre, qui décide ce qu'on va réutiliser et quel sera le nouveau produit. Il n'y a pas producteur plus dynamique, ne s'accordant jamais une minute de repos. Mais certaines usines mal organisées ne font pas les bons choix de matériaux, n'ont pas ce qu'il faut en stock ou pas au bon moment, ne savent pas quel produit conviendrait au marché actuel. Alors elles font faillite. Pourtant leurs capacités sont suffisantes; mais la direction n'a pas su en faire une bonne utilisation. Il faudrait qu'elle soit conseillée dans l'exploitation de ses ressources existantes.

UN CONTRASTE QUI NOUS QUESTIONNE

A l'école, l'élève est souvent dans une situation analogue. Il a tout le potentiel et le dynamisme nécessaires pour fabriquer un savoir. Pourtant, trop fréquemment, il n'y arrive pas. On lui reproche « de ne pas écouter en classe », « de ne pas réfléchir », « d'être paresseux », « de ne pas avoir le niveau d'abstraction nécessaire » : hélas ce sont des citations authentiques de bulletins scolaires ordinaires dont les conséquences peuvent être graves.

En revanche, dans une activité intellectuelle non scolaire, par exemple un jeu de construction qu'il aura choisi, l'enfant sait en général utiliser ses capacités intellectuelles pour réussir son produit final. Sa concentration est impressionnante, sa persévérance remarquable.

Dans l'action dont il a l'initiative, l'enfant ou l'adolescent a une idée de ce qu'il veut obtenir; il a une intention au départ et pense réussir comme à l'habitude, le doute n'effleure même pas son esprit. Il choisit l'information nécessaire en fonction de son but. Ce dernier point est important. Il a un point de repère : le résultat attendu de son action. S'il se trompe il va le remarquer, puisqu'il a une attente en terme de résultat souhaité. Il explorera donc de multiples voies, recommencera sans relâche. La difficulté le stimulera plutôt qu'elle ne le découragera. S'il a besoin d'une information supplémentaire, il saura quelles questions poser. On ne lui impose pas une information qu'il ne peut saisir, il retient celle qui a un sens pour lui. Sa pensée est spontanée, liée à l'action et au but. Son objectif est clair pour lui et en général accessible, sinon il n'en aurait même pas conçu l'idée. Cet objectif repose sur des expériences antérieures, sur ce qu'il sait déjà.

Son entourage peut répondre à ses demandes s'il le souhaite. Rien ne le presse.

S'il se trompe en cours de route il n'est pas pénalisé, au contraire ses erreurs lui servent d'indicateur. Il ne craint pas d'échouer. Il sait quand il a réussi et en éprouve une grande satisfaction. Il peut même, à un moment donné, décider que son but n'est pas réalisable parce qu'il lui manque telle capacité ou tel objet. Mais cet échec-là n'est pas comparable à l'échec scolaire où l'enfant ne sait pas pourquoi il n'a pas réussi – ou même ce qu'il fallait réussir.

Nous reconnaissons tous ce « portrait »...

L'observation des apprentissages non scolaires est riche d'enseignements pédagogiques. Comparons ces conditions de réussite avec ce qui se passe à l'école. Où se situe la différence? Pourquoi l'élève a-t-il tant de mal à y apprendre?

Une des différences essentielles est que, dans sa propre entreprise, c'est un avantage pour l'enfant de partir de son expérience personnelle. Cette expérience l'aide à donner du sens aux informations nouvelles, il peut faire le lien avec ce qu'il connaît déjà.

Paradoxalement la situation est souvent renversée à l'école. Au lieu d'être un avantage, sa propre subjectivité peut l'égarer et devenir un obstacle. Je pense à ce jeune élève qui n'avait retenu de l'enseignement sur la notion du rectangle que sa couleur bleue parce que les exemples donnés étaient toujours coloriés en bleu... Malgré les explications et l'information données, l'élève a vite oublié ce qui n'avait pas de signification pour lui à ce moment-là et n'a retenu que ce qu'il savait

reconnaître : la couleur. « Un rectangle? Maîtresse, maîtresse! c'est bleu! »
A l'école il faudrait « se méfier » de ce qu'on connaît déjà, il faudrait être capable de ne pas regarder les choses de façon subjective, mais de s'en tenir à ce qui est pertinent pour l'apprentissage en cours. Rares sont les situations d'apprentissage où cette difficulté inconsciente pour l'élève est systématiquement prise en compte.
Cette difficulté est d'ailleurs la même pour l'adulte. Imaginez qu'on vous demande d'interpréter une radiographie médicale ou de comprendre un schéma décrivant le fonctionnement d'une fusée spatiale. Pour l'enfant comme pour l'adulte la situation n'est pas maîtrisable car, comme il ne sait où porter son attention, il risque de se tromper dans son interprétation. Si personne ne le met sur la voie, il ne peut réussir à dégager les éléments significatifs.

Il trouvera peut-être des « réponses », les siennes, mais qui risquent de répondre à d'autres questions que celles prévues par l'enseignant. Elles seront donc considérées comme fausses, sans que l'apprenant sache pourquoi. C'est alors un dialogue de sourds, représentatif d'un grand nombre d'incompréhensions à l'école.

UNE ILLUSTRATION

Je voudrais illustrer cette situation typique par un exemple caractéristique parmi d'autres. Celui-ci est extrait d'un manuel de sciences physiques pour la classe de sixième. Le contenu que l'élève doit apprendre est d'abord présenté :

« Sur cette photographie, nous observons des rochers, de l'eau, c'est-à-dire la matière. Tout ce qui nous entoure, visible ou invisible, est de la matière. Nous voyons ici de la matière sous forme solide (rochers) et de la matière sous forme liquide (eau). Les vagues se forment sous l'action du vent qui est un déplacement de l'air. L'air est de la matière sous forme gazeuse. »

Un enseignement a donc été donné. Ensuite est présentée une photo d'un morceau de sucre sous-titrée « Un solide : le morceau de sucre » à laquelle s'ajoute la question suivante : « Que pouvez-vous observer? »
Réponse de l'élève : « Le morceau de sucre est blanc, sa surface est rugueuse. Il est sucré. Il est dur mais on peut le casser. Il est rectangulaire. »
La réponse est corrigée : « Le sucre est un exemple de matière sous forme solide. »

Le lendemain à la même question l'enfant a retenu la réponse « correcte ». Mais huit jours plus tard, quand une question analogue est posée à propos d'un galet (toujours dans le contexte de la notion « matière solide ») l'enfant persiste :
« Le galet est gris. Il a la forme d'un œuf. Sa surface est lisse. On le trouve sur la plage. Cela fait penser aux vacances. On ne peut pas le manger. »

OÙ EST LA DIFFICULTÉ ?

C'est comme si l'enfant avait tout compris sauf de quoi il s'agit, c'est-à-dire l'acquisition d'une notion générale. L'exemple peut paraître simplifié – même simpliste! – mais la nature de la difficulté est la même dans l'acquisition d'une notion plus complexe ou d'une règle. On peut en effet constater qu'un grand nombre d'élèves ne possèdent pas les notions et les règles nécessaires pour avancer et réussir dans les différentes matières – et ceci malgré l'enseignement donné. Ils ne savent pas ce qu'est une « leçon sue » ni comment il faut s'y prendre pour la savoir. Il y a là deux difficultés distinctes.

La première difficulté se situe au niveau de la *structure* du savoir. A sa question « Que pouvez-vous observer », l'enseignant attend de la part de l'élève une définition qui montre qu'il a compris la notion enseignée. Mais quels sont les éléments qui constituent une définition? Afin de donner une « réponse correcte » on peut imaginer que l'élève se pose les questions suivantes :

- Suffit-il de désigner la chose en question par son *nom* (matière solide)?
- Ou bien, faut-il en faire une description (blanc, sucré, rectangulaire, dur, etc.)?
- Ou encore en donner un exemple (sucre)?

En réalité, l'élève est parfaitement inconscient de cette problématique et il « choisit » de donner une certaine information concernant le sucre, objet qu'il connaît, sans réaliser que celui-ci n'est là qu'en tant qu'*exemple* de la notion « matière solide », objet de la leçon. Il ne voit pas le lien formel qu'il y a entre « solide », « dur », et « sucre » et ne sait pas non plus que cette structure est valable pour toutes les notions qu'il devra apprendre par la suite. Sa première difficulté est donc de savoir par quels éléments on constitue la définition, c'est-à-dire la notion. Quelle est la structure du savoir?

La deuxième difficulté se situe au niveau de *la démarche intellectuelle* à employer pour déterminer ce qu'on met dans cette structure, une fois

celle-ci connue. Pour répondre à la question « Que pouvez-vous observer? » l'élève ne sait pas qu'il y a une bonne façon de procéder pour relever les éléments pertinents parmi tous ceux qu'il observe dans une situation donnée. Il va procéder comme il peut : observer le morceau de sucre sans but précis et présenter toute l'information que lui fournissent ses connaissances antérieures, sans sélection consciente : « Le morceau de sucre est blanc. Sa surface est rugueuse. Il est sucré. Il est dur mais on peut le casser. Il est rectangulaire. » Pour le galet il répond : « Ce galet est gris, il a la forme d'un œuf, sa surface est lisse, on le trouve sur la plage... »
Il reproduit ses premières observations spontanées et s'arrête là. Il n'est pas conscient qu'il faudrait ensuite « traiter » l'information, ni de la manière dont il faut le faire. C'est pourquoi il fait une confusion entre les éléments essentiels et les éléments « parasites »; il ne sait pas par quel raisonnement séparer les deux. Comment savoir que la couleur bleue n'est pas importante quand il s'agit d'un rectangle?... et que la forme rectangulaire n'est pas à retenir quand il s'agit d'une matière solide? Quels sont les critères pour prendre ces décisions? Et si on ne « voit » rien du tout? L'avouer? Ou répondre « n'importe quoi » dans l'espoir de satisfaire l'enseignant?
Sans connaître la structure du savoir, le « traitement » de l'information disponible n'est pas efficace et risque d'induire l'apprenant en erreur. Faut-il en conclure que l'élève est bête?

Les deux difficultés sont liées. Quand on doit s'approprier une connaissance nouvelle deux choses interviennent : la structure de cette connaissance et la démarche intellectuelle qu'il faudrait déployer pour l'acquérir. C'est comme un problème à résoudre : il faut séparer la nature du problème des stratégies qui permettent de le résoudre. **La représentation initiale qu'on se fait d'un problème à résoudre est primordiale pour sa résolution.** Ceci me paraît très important.

L'élève, dans l'exemple décrit, est inconscient de l'existence d'un « problème » et encore plus de sa « résolution ». Il tâtonne de façon intuitive mais n'arrive pas à saisir la problématique qui n'a jamais été explicitée et ne sait pas vérifier ses intuitions par un raisonnement logique, il n'en voit même pas l'utilité. Il n'essaie pas de façon consciente d'émettre des hypothèses et de les vérifier, il cherche plutôt à « donner la bonne réponse » et attend qu'on lui dise si c'est juste ou faux. S'il tombe juste, il ne cherche pas à comprendre pourquoi et il risque d'oublier ce qui était généralisable; s'il se trompe, il n'essaiera pas non plus d'argumenter, mais cherchera une nouvelle « bonne réponse » dans l'espoir que cette fois-ci... Comme il n'emploie pas consciemment une stratégie il

ne peut pas vérifier celle-ci, ni la réponse... Mais il faut reconnaître qu'il n'est pas non plus guidé dans sa démarche. Si nous demandons à un élève de résoudre un problème inconnu (ou d'apprendre un concept inconnu), sans lui avoir jamais appris à identifier la nature de la tâche, ni les « règles du jeu », il est prévisible qu'il va se tromper...
Avant d'arriver à l'école, dans les activités dont il avait l'initiative, l'enfant n'avait pas besoin d'être guidé dans sa démarche; celle-ci était implicite, et il était poussé en avant par l'envie de réaliser son intention.
Que se passe-t-il quand il arrive à l'école? Pour la première fois on lui demande d'apprendre des notions abstraites, sans lien avec sa « vie réelle ». Il se trouve devant un problème nouveau, détaché de son expérience : la situation ne ressemble pas à celle de ses jeux et il ne va pas mettre en œuvre, de façon spontanée, sa « stratégie habituelle ». Il ne pourra pas non plus la mobiliser volontairement, car il n'a jamais été conscient d'en avoir une.
Pour aborder la nouvelle problématique, il aurait d'abord besoin d'en réaliser l'existence. Ensuite, il aurait besoin de quelqu'un pour l'aider à dégager une « méthode de pensée » et pour lui montrer que cette méthode-là il la « connaît » déjà pour l'avoir utilisée dans ses jeux. De cette façon, l'élève deviendrait conscient – avec le temps – de ses stratégies mentales et apprendrait à *mobiliser volontairement ses « outils intellectuels »* devant une tâche donnée. Le vrai problème de tout apprentissage se situe là. Pour nous tous. C'est une question de capacité de transfert.

Devant l'incapacité de l'élève à agir, l'enseignant en déduit plutôt que la tâche est trop compliquée, que l'enfant « ne réfléchit pas » ou qu'il n'est pas « du niveau ». Mais est-ce que le problème n'est pas plutôt que nous, les enseignants, ne comprenons pas la *nature des difficultés* que l'élève éprouve et quel type d'aide nous pourrions lui apporter?
Piaget a dit que ce ne sont pas les matières qu'on leur enseigne que les élèves ne comprennent pas, mais les leçons qu'on leur donne. Je suis convaincue que nous « pourrions mieux faire » et je formule l'hypothèse suivante :

l'enseignant peut aider les élèves à mobiliser leurs capacités intellectuelles à condition qu'il sache les repérer, qu'il y ajuste sa pédagogie et qu'il rende les élèves conscients des stratégies d'apprentissage qui leur permettront de construire leur savoir.

Quelques préalables sous-tendent cette hypothèse :

– la capacité de raisonner est liée à un certain nombre de processus cognitifs fondamentaux et universels. Il est possible de les analyser;

– ces processus cognitifs fondamentaux se développent très tôt et fonctionnent avant même que l'enfant soit scolarisé. Le degré de leur développement dépend en grande partie de la qualité de l'interaction avec la « culture » – dont l'école est un agent.
– pour aider l'élève dans l'élaboration de son savoir et donc dans la mise en œuvre des processus cognitifs qui la conditionnent, l'enseignant a besoin de comprendre leur fonctionnement, de savoir les provoquer chez l'élève et de savoir reconnaître leur apparition à travers les différents apprentissages qu'il lui propose.
– dans la mesure où l'enseignant fait prendre conscience à l'apprenant de ces « démarches » intellectuelles et l'entraîne à les mettre en œuvre, leur transfert à d'autres situations est facilité et l'apprentissage devient plus autonome.

Le rôle de l'enseignant est donc d'abord d'assister l'élève dans la construction de son savoir, tâche que personne ne peut exécuter à sa place. Cette assistance consisterait à analyser avec lui le savoir à acquérir et les opérations mentales à mettre en œuvre. Ayant appris ce qui est généralisable, l'élève pourrait à l'avenir agir de façon plus autonome dans toute situation d'apprentissage.
Mais où sont passés la motivation, l'intérêt, les relations positives entre les enseignants et l'enseigné? Les facteurs affectifs restent primordiaux, leur importance est immense. Ils n'ont pas été négligés, loin de là; mais, dans cette optique, ils ne sont plus les seules conditions de l'apprentissage et peuvent en être la conséquence.
Les bons résultats obtenus par l'élève, à la suite de la prise en compte par l'enseignant des « mécanismes » de l'apprentissage, favorisent chez lui une attente positive sur lui-même qui, à son tour, favorise le bon fonctionnement de sa pensée. L'affectif et le cognitif entrent ainsi dans un jeu incessant d'interactions : l'un influe sur l'autre, l'un nourrit l'autre.
Ma pratique pédagogique m'a convaincue que c'est *par* le cognitif, par l'apprentissage complet et réussi, par la motivation intrinsèque, que l'on arrive à impliquer les élèves. Il y a beaucoup moins de difficultés de relation ou de motivation quand l'élève sait ce qu'on attend de lui et sait qu'on ne l'abandonnera pas tant qu'il n'aura pas réussi, quitte à lui proposer d'autres chemins, si le premier ne lui convient pas.
Autrement dit, si on arrive à impliquer l'élève intellectuellement dans ce qu'il fait en l'amenant à la réussite, la satisfaction qu'il en tirera sera suffisante pour assurer un intérêt à la tâche et établir une bonne relation avec la personne qui l'assiste dans cette tâche. Dans ces conditions, l'élève n'abandonnera pas non plus et une confiance réci-

proque s'installera. Mais il faut que les *deux* partenaires, professeur et élève, remplissent leur contrat.

Je l'ai constaté cent fois... Cela suppose évidemment que l'enseignant respecte l'individu qu'est l'enfant et qu'il soit convaincu que l'enfant peut faire des progrès. Le fait d'employer une démarche centrée sur l'apprenant peut d'ailleurs favoriser cette attitude chez l'enseignant.
La pire des choses qui puisse arriver, surtout à l'âge de l'école primaire, c'est que le phénomène de « l'impuissance conditionnée » (décrit dans plusieurs ouvrages de psychologie américains sous le nom de *learned helplessness*) s'installe chez l'enfant. C'est l'état d'un enfant qui, petit à petit, par la force des choses, a acquis la conviction de son impuissance : c'est le destin, il n'a aucune chance de sortir de cette situation d'échec, donc il va la subir passivement. Ce phénomène peut jouer au niveau d'un individu, mais aussi de tout un groupe défavorisé, avec des conséquences encore plus graves contre lesquelles il faut à tout prix lutter. C'est en permettant à l'individu de réussir qu'on peut le convaincre que c'est possible.

Il nous reste donc à mieux faire réussir nos élèves, sans pour autant diminuer nos exigences. Cela demande une analyse rigoureuse du savoir à transmettre et une compréhension des processus mentaux, communs à tous, qui mènent à l'abstraction.
Et c'est l'objet de ce livre.

Chapitre 2

Le savoir et son élaboration :

apprendre quoi et comment?

Sans vouloir négliger les facteurs multiples qui influent sur l'élaboration du savoir, le chapitre précédent voulait en examiner un aspect, l'aspect cognitif. A partir d'un examen d'erreurs typiques illustré par l'exemple de la notion de solidité, l'analyse arrivait à la conclusion que les deux difficultés déterminantes d'un apprentissage conceptuel se situent au niveau de la *structure du savoir* d'une part, et au niveau de la *démarche intellectuelle,* d'autre part.
Le but de ce chapitre est de situer dans leur contexte et de définir, de façon préliminaire, ces deux concepts clefs sur lesquels reposent les propositions méthodologiques qui vont suivre. Toutefois, si certains lecteurs préfèrent voir des situations concrètes d'abord et revenir aux définitions qui les sous-tendent après, il est possible d'aller directement au chapitre 3. Le chapitre 2 reste une référence à laquelle il est possible de revenir en cours de route, si le besoin s'en fait sentir.

Revenons à ce double aspect des difficultés : le savoir et son élaboration. L'élaboration est un processus qui mène vers un « produit », le savoir acquis : ce sont là deux choses différentes. On peut toutefois constater qu'il y a souvent confusion entre ces deux étapes : processus et produit. Les mots mêmes que nous utilisons pour les désigner favorisent peut-être cette confusion; quand nous parlons d'un apprentissage, ce terme peut se référer à la fois à l'acte d'apprendre et au résultat de cet acte; quand nous parlons de difficultés d'abstraction, nous ne précisons pas toujours si elles concernent l'abstraction en tant qu'opération mentale ou en tant que produit de cette opération. Quand le professeur donne une appréciation qui concerne le « niveau d'abstraction » (ou plutôt l'absence de celui-ci) se refère-t-il à un « produit », à un résultat « faux » ou à l'incapacité de l'élève à abstraire? Est-il possible d'affirmer que l'élève ne sait pas opérer une abstraction parce que le « produit » ne correspond pas à l'attente du professeur? Nous revenons ici à la question de savoir si c'est « la matière ou la leçon » qui est l'objet de l'incompréhension de l'élève.

Pour mieux distinguer les notions de « produit » et de « processus » (tout en sachant qu'ils sont interdépendants), serait-il possible de trouver un « modèle opératoire », c'est-à-dire une représentation simplifiée qui permette de mieux réfléchir aux problèmes pédagogiques qu'ils posent? Cette façon de formuler le problème, déjà timidement implicite dans ma pratique à l'époque, a été le point de départ de ma recherche.
Au moment où je me posais ces questions, un hasard heureux a voulu que je découvre le livre célèbre du psychologue américain Jérôme Bruner *A Study of Thinking* [1]. Ce livre décrit une série d'expériences montrant comment les individus cherchent à organiser le monde qui les entoure, c'est-à-dire comment ils construisent des concepts. Ce fut une découverte féconde pour moi : ma quête de « modèles opératoires » pour représenter le savoir et son élaboration aboutissait à une piste de recherche et mon projet a, alors, pris forme :

- transférer le sens psychologique de la construction des concepts à l'élaboration du savoir;
- produire des modèles pédagogiques;
- expérimenter ces modèles auprès des apprenants de tout âge, en particulier auprès des enfants des classes primaires;
- analyser les effets de ces expérimentations et élaborer des critères d'évaluation;
- approfondir la compréhension des processus par l'expérience et par un retour à la théorie de la psychologie cognitive, complétée par d'autres théories [2];
- modifier en conséquence les modèles, en produire d'autres;
- expérimenter à nouveau les modèles, observer et analyser leurs effets, évaluer, retour aux théories et ainsi de suite...;

1. Bruner, Goodnow and Austin, *A Study of Thinking* (« Une étude de la pensée »), New York, Wiley and Sons, 1956.
2. Les théories de la psychologie cognitive sont toujours prédominantes aujourd'hui; mais elles se complètent par les théories d'autres disciplines, comme la neurologie, la linguistique, l'intelligence artificielle, parmi d'autres. Depuis les années 1970, on désigne ces efforts interdisciplinaires pour mieux comprendre la complexité des connaissances humaines par le terme « sciences cognitives ».

– tirer des conclusions à partir de l'expérience acquise et prolonger les théories.

Cette recherche qui a commencé en 1974 est toujours en cours. Examinons les questions qui l'ont déclenchée : Qu'est-ce qu'un concept? Pourrait-on l'utiliser comme un modèle pour représenter les savoirs à acquérir à l'école?

DÉFINITION OPÉRATOIRE DU CONCEPT

Qu'apprend-on quand on apprend un concept? Boring, cité par Bruner, s'exprime ainsi : « Une pierre est une forme, une couleur, un poids et une substance, le tout dans une relation compliquée. » Boring appelle ces qualités des attributs et Bruner adopte cette dénomination. Apprendre serait donc d'abord la capacité de discerner des attributs, de sélectionner ce qu'on retient.
Un attribut est ce qui permet de distinguer une idée d'une autre idée, un objet d'un autre objet. Une pierre peut être jolie, lisse et rose. En tant que jolie elle appartient à une catégorie d'objets qui se distingue d'autres perçues comme laides; en tant que lisse elle appartient à une catégorie d'objets distincts de tous ceux qui auraient une surface rugueuse et en tant que rose elle se distinguerait de tous les autres objets ayant une autre couleur. Il reste, qu'au-delà de ces attributs secondaires, la pierre doit être définie comme pierre. Ainsi, si on veut désigner un objet dans le but de l'*identifier,* de déterminer son appartenance à une classe, l'attribut doit se référer plutôt aux caractéristiques qui permettent de le classer dans une catégorie fondamentale; ce sont les *attributs essentiels.* D'autres qualités, connues ou inconnues, pourront servir à les décrire et non pas à les définir, ce sont les attributs *non essentiels.*
Chaque attribut peut avoir des « valeurs » différentes, ainsi la taille peut être grande, petite ou moyenne, la couleur rouge, noire ou verte, etc.

Quand on apprend un concept on apprend ainsi à reconnaître et à distinguer les attributs qui le spécifient. On apprend aussi (nous y reviendrons) la relation ou le rapport qu'il y a entre ces attributs. Pour pouvoir désigner cette combinaison d'attributs on la nomme par un *mot* qui est un symbole arbitraire, une *étiquette.* Cette étiquette nous permet de regrouper tous les *exemples* qui possèdent la même combinaison d'attributs dans la même catégorie, quelles que soient les différences par ailleurs. Malgré la différence entre une cerise, une pomme et un citron, on peut les classer dans la catégorie des fruits – à condition de connaître les attributs communs au concept de fruit.

Pour rendre compte de cette définition opératoire du concept on pourrait la représenter par un schéma.
Ce schéma va être présenté en trois colonnes : d'abord la définition opératoire du concept, ensuite, afin de permettre une comparaison, une définition philosophique et enfin un exemple qui permet de vérifier l'application du schéma.

Structure opératoire du concept

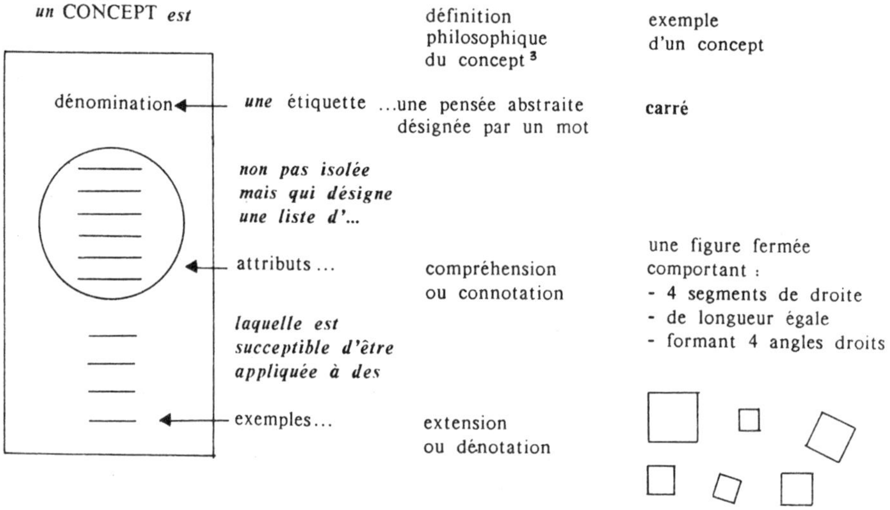

Ainsi réduit à trois opérations essentielles, ce schéma représentant la structure du concept permet de vérifier que pratiquement toute « connaissance » est structurée de cette façon, y compris le contenu du programme scolaire, à tous les niveaux. En élargissant le sens du concept, on peut y inclure également les règles et les théorèmes qui sont des

3. Définitions philosophiques du concept : « Le concept est une pensée abstraite relativement stable et désignée par un *mot*. La plupart des idées sont en même temps des idées générales... Généraliser, c'est prendre conscience qu'un ou plusieurs caractères sont communs à une pluralité d'objets; ces caractères, placés à part sous l'étiquette d'un même nom, constituent l'idée générale. » (Burloud, *Cours de philosophie; psychologie*, Hachette, 1948, p. 299, 300).
« Le jugement réduit à un attribut exprimé est ce qu'on nomme un *concept*. La généralité d'une notion c'est la possibilité d'une infinité de jugements ayant pour attribut cette notion. " Homme " est un terme général parce qu'il y a une infinité de sujets dont " homme " peut être l'attribut... Le concept n'est qu'une virtualité, une possibilité indéfinie de jugements.
« Tout nom dénote un sujet ou des sujets et connote les qualités appartenant à ces sujets. On a souvent employé à peu près dans le même sens que *dénotation* et *connotation* les mots *extension* et ... *compréhension* (Goblot, *Traité de logique*, p. 102).

contenus plus complexes, mais toujours organisés selon cette structure : si un concept est une combinaison d'attributs, une règle et un théorème sont des combinaisons de concepts. On pourrait aller plus loin et dire qu'une théorie est une combinaison de règles. Quel que soit le niveau de complexité d'un contenu, on peut ainsi le traiter comme un concept et l'apprendre de la même façon, comme nous le verrons plus loin. Pour faciliter la compréhension de cette structure nous pouvons assimiler la notion de concept à la notion d'ensemble en mathématiques [4].

Examinons l'ensemble A : seules les figures fermées comportant :

- 4 segments de droite
- de longueur égale
- formant 4 angles droits

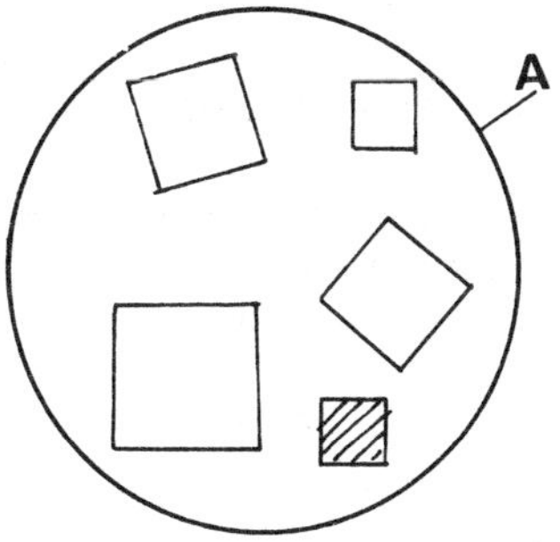

y sont admises. Ce sont les conditions, les critères ou les *attributs essentiels*. La taille ou la couleur ou l'orientation ne jouent pas. Donc, les attributs sont les caractéristiques que les exemples ont toujours en commun, malgré les différences qu'ils peuvent avoir par ailleurs. Ils les distinguent d'autres figures. On pourrait ainsi dire qu'un concept offre une règle de classification. Les attributs ont pour fonction de spécifier les êtres ou les objets appartenant à cette classe.
Ce qui rend un concept différent d'un autre, c'est la combinaison d'attributs.

4. C'est une idée intéressante : si on pousse cette assimilation jusqu'au bout, on pourrait faire l'hypothèse qu'à la théorie des ensembles qui formalise les structures élémentaires qu'on retrouve dans toutes les mathématiques, correspond une « théorie des concepts » qui formalise les structures élémentaires qu'on retrouve dans toutes les langues.

Observons l'ensemble B :

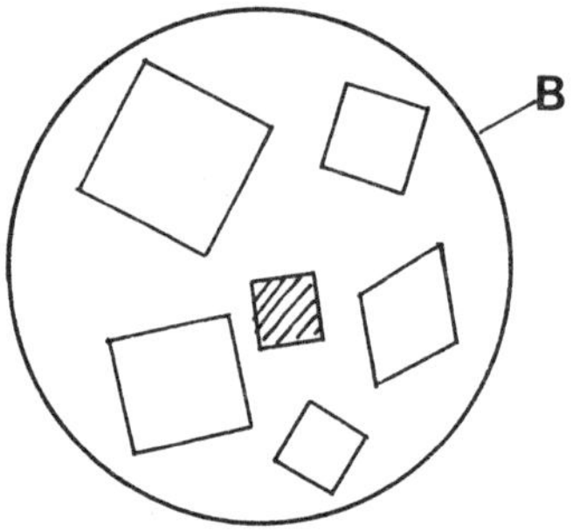

Il ressemblc beaucoup à l'ensemble A. Mais une seule petite différence, l'introduction d'un exemple qui n'a pas les angles droits, fait que ce n'est plus un ensemble A. Il y a une combinaison différente qui n'obéit pas à la règle précédente : l'ensemble des carrés devient l'ensemble des losanges.
Prenons un autre exemple : l'ensemble des « noms communs ». Il contient trois exemples : plante, fruit et table. Si on ajoute Paris, l'étiquette n'est plus valable, elle devient « nom », tout court. La combinaison a changé.

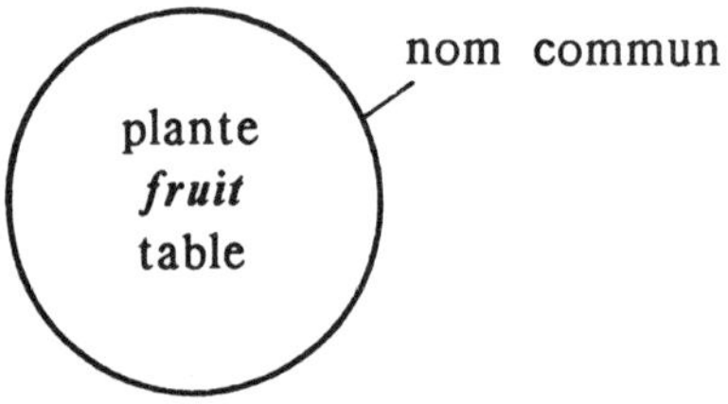

Par ailleurs, un de ces exemples peut devenir un concept à son tour. « Fruit » peut être soit un exemple de concept « nom commun », soit être l'étiquette du concept « fruit ».

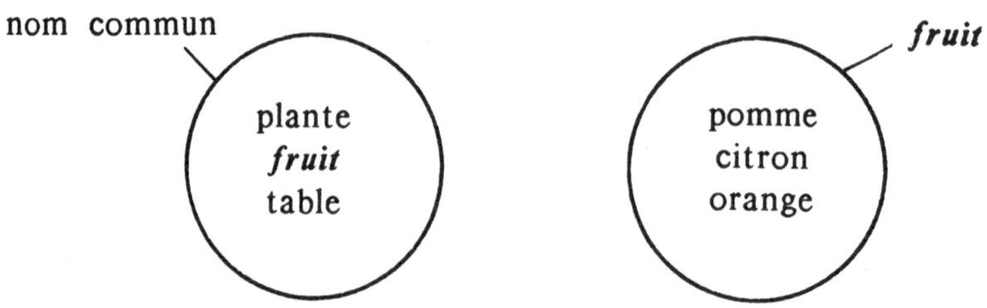

Il peut aussi être l'exemple d'autres concepts, par exemple « produits agricoles » ou « monosyllabes ». Il peut appartenir à des réseaux différents.

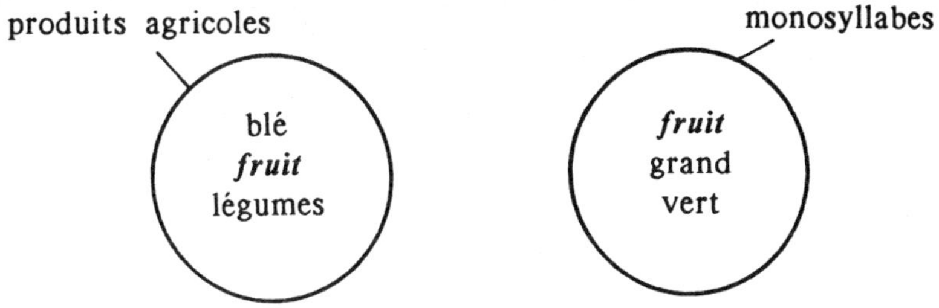

Il est important de comprendre que la dénomination, l'étiquette, n'a pas à elle seule de l'importance; ce qui est essentiel c'est de savoir pourquoi on appelle un objet par ce nom et comment il est relié à d'autres concepts. Est-ce que l'on parle de fruit en tant que nom commun, en tant que produit agricole, en tant que monosyllabe ou en tant que catégorie?
C'est une question d'organisation de la pensée.

Voici un petit exercice pour vérifier la compréhension : classez les « mots » suivants comme étant ou non des concepts :

1. *verbe*
2. *être vivant*
3. *l'accord du participe passé*
4. *masse*
5. *insecte*
6. *chaise*
7. *le contraire*
8. *l'attribut du sujet*
9. *théorème de Thalès*
10. *la révolution d'Octobre française*

On peut vérifier que tous les « mots » sauf les 3, 9 et 10 entrent sans problème dans la structure définie : ils sont tous désignés par une *étiquette,* des *attributs* les définissent et il est possible d'en donner des *exemples.*
Que se passe-t-il avec les « mots » restants? Le 3 se réfère à une règle de grammaire, et le 9 au théorème de Thalès inséré dans une théorie mathématique. Dans l'exemple de la règle de l'accord du participe passé, il y a un certain nombre de conditions qui doivent être remplies pour qu'il y ait accord : auxiliaire/avoir, temps/participe passé, position du C.O.D./ avant le verbe. Ces « conditions » remplissent la même fonction que les attributs.

Regardons maintenant un énoncé du théorème de Thalès :
Soit D et D′, deux droites quelconques, et Δ, une droite séquente avec D et D′ ; soit A, B, C, trois points de D, et A′, B′, C′, leurs projetés respectifs sur D′, parallèlement à Δ; on a : $\frac{AB}{AC} = \frac{A'B'}{A'C'}$
Les prémisses de ce raisonnement correspondent aux attributs et tous les cas imaginables qui satisfont aux prémisses sont équivalents à des exemples.
Le dernier exemple, la révolution d'Octobre, n'est pas un concept parce qu'il ne peut pas être généralisé; il n'y a qu'une révolution d'Octobre, elle est unique. Par contre elle est un exemple du concept « révolution ». Mais comme nous le verrons plus en détail par la suite, l'unique est appris par le même processus que le général, sauf que la dernière étape, la généralisation, manque. L'apprentissage de l'unique peut donc également profiter de la structure du concept si on est bien conscient du fait qu'il n'est pas possible d'en multiplier les exemples.
On aurait pu ajouter un exemple encore plus complexe : la théorie. Un tel exemple se trouve dans cet ouvrage, une théorie d'apprentissage étant illustrée par un modèle pédagogique.

Au niveau d'une théorie (que celle-ci soit psychologique, mathématique ou économique...), le modèle d'application correspond donc à un exemple et la combinaison des règles qui constituent la théorie, aux attributs. Un contenu très complexe, comme celui d'une théorie, peut donc être abordé comme la structure d'un concept pour en analyser les éléments.

Les dix exemples proposés permettent également d'identifier différents types de concepts : Bruner en distingue trois :
- conjonctifs,
- disjonctifs,
- relationnels.

Cette distinction est importante car elle fait ressortir la *relation* qui existe entre attributs.

Les concepts conjonctifs sont définis par un ensemble d'attributs qui sont tous présents dans chaque exemple : il s'agit d'une conjonction d'attributs (donc reliés entre eux par une relation et/et). « Rectangle », « insecte », « adjectif » sont des exemples de concepts conjonctifs.

Les concepts disjonctifs sont définis par un ensemble d'attributs qui ne sont pas tous nécessairement présents dans chaque exemple (ceux-ci sont donc reliés par une relation soit/soit). Ainsi un verbe peut être soit une action, soit un état. Des exemples donnés de ce concept ne vont

pas nécessairement contenir les *mêmes* attributs, tout en étant tous des exemples du concept « verbe ». « Sauter » exprime une action, « être » exprime un état, malgré cette différence, ils sont tous les deux des exemples du concept « verbe ».
De la même façon, le concept « nationalité » peut être défini soit par le fait d'être né dans un pays, soit par le fait d'avoir été naturalisé. Deux personnes peuvent donc avoir la même nationalité sans que cela soit pour la même raison. On retrouve la relation soit/soit.
Les concepts disjonctifs sont moins fréquents que les concepts conjonctifs. Il n'en est pas de même dans les langues orientales où les concepts disjonctifs sont plus courants. Les concepts de ce type posent plus de problèmes pédagogiques.

Les concepts de relation ont la spécificité de ne pouvoir se définir que par rapport à un autre élément. Le concept « petit » ou « grand » n'a donc de sens que par rapport à un critère, à une mesure, ou à un objet donné comme référence. Ainsi on ne peut pas donner un exemple du concept « contraire » si on ne montre pas en même temps *deux* objets ou idées dont l'interrelation les place en opposition en ce qui concerne l'un de leurs attributs. « Analogie », « contraire » et « masse » sont des exemples de concepts de relation ainsi que les concepts de temps et d'espace comme avant, après, devant, au milieu, etc.

Ces distinctions ont une importance pour l'apprentissage; la façon dont le contenu est structuré par l'enseignant va influer sur la compréhension des élèves.

Autres aspects du concept
L'expérience pratique m'a amené à faire quelques autres distinctions pédagogiquement utiles :
en voici trois :
- le niveau de complexité,
- le niveau d'abstraction,
- le niveau de validité.

Le niveau de complexité d'un concept dépend du nombre d'attributs qui le constituent et du nombre des valeurs qui précisent chaque attribut. Plus le nombre d'attributs est grand, plus le concept est complexe. La relation entre les attributs, c'est-à-dire le fait qu'un concept soit conjonctif, disjonctif ou relationnel, ajoute une dimension supplémentaire.
Plus un concept est complexe, plus il y a d'interrelations à saisir et plus il devient difficile à atteindre. Les attributs peuvent aussi, à leur tour, être des concepts complexes. La nature de l'attribut – observable ou

non – peut poser une difficulté supplémentaire. Chaque concept représente donc un réseau conceptuel plus ou moins complexe dont il faut saisir les interrelations.

Le niveau d'abstraction est un autre critère de classification de concepts. Selon les travaux de Rosch [5], parmi tous les niveaux d'abstraction possibles – tels que : un être vivant, un animal, un mammifère, un chien, Médor – l'un est psychologiquement plus accessible que les autres. Rosch appelle celui-ci « niveau de base »; elle le définit comme le niveau qui permet à l'individu d'obtenir le maximum d'informations avec le minimum d'effort cognitif. Elle fait l'hypothèse que l'individu catégorise pour réduire la complexité des stimuli qui l'entourent. Dans ce cas, il y a intérêt à réduire le nombre de catégories et, en même temps, à s'assurer que ces catégories sont riches en information. Le « niveau de base » est donc un compromis entre ces deux principes, c'est-à-dire le niveau le plus abstrait possible qui offre, en même temps, un nombre suffisant d'attributs concrets. Autrement dit, « le niveau de base » est le niveau le plus inclusif qui permet de se représenter concrètement – en tant que prototype – un exemple « moyen » de la catégorie en question. Ce niveau peut être différent selon les individus et changer avec le temps et l'expérience pour le même individu.

Les conclusions de Rosch paraissent intéressantes pour les choix pédagogiques qu'elles impliquent quant au niveau d'abstraction par lequel il faut aborder un concept, et quant aux exemples qui le représentent. Si notre compréhension d'un concept dépend des exemples qui l'illustrent le mieux et de la façon la plus « économique », cette question devient importante [6].

Le niveau de validité est un autre aspect du concept. Par là on peut désigner le niveau de consensus d'une définition donnée. Certains concepts sont « scientifiques », leur définition est indiscutable et donc « officiellement reconnue » dans une société donnée. « Rectangle », « adjectif », et « nombre pair » sont des exemples de cette catégorie. Il faut noter cependant que la définition de certains concepts scientifiques peut évoluer avec le temps.

5. Rosch E., « *Principles of categorization* », in *Cognition and Categorization*, Erlbaum, Hillsdale, N.J., 1978.

6. D'Hainaut (*Des fins aux objectifs de l'éducation*, éditions Labor-Nathan, Paris, 1977, p. 171.) fait la différence entre conceptualisation synthétique ou extensive, et conceptualisation analytique ou compréhensive. Selon lui, la conceptualisation synthétique précède la conceptualisation analytique et ainsi le concept « bestiole » s'établit avant celui d'« insecte ». Toute conceptualisation analytique remonte donc nécessairement à une conceptualisation synthétique antérieure et exige l'existence dans la structure cognitive du sujet d'un concept plus large. Comme d'Hainaut ne fait allusion qu'à deux niveaux d'abstraction, on ne peut pas tout à fait comparer ses conclusions et celles de Rosch, mais elles indiquent de façon générale que le niveau d'abstraction le plus élevé doit être le point de départ. Cette question sera abordée dans le chapitre 4.

D'autres concepts sont plus « flous » dans leur définition qui peut varier selon les individus. La beauté, l'honnêteté, ou la justice sont des exemples de cette catégorie. On pourra les appeler des concepts *empiriques ou subjectifs*.

DÉFINITION OPÉRATOIRE DE LA CONCEPTUALISATION

La conceptualisation est un processus complexe. Bruner insiste sur les *stratégies mentales* que le sujet utilise inconsciemment pour conceptualiser : les individus forment des hypothèses, mettent en œuvre des stratégies pour les tester, révisant ensuite à la fois les hypothèses et les stratégies pour atteindre les concepts. C'était à l'époque (1956) une nouvelle façon d'expliquer comment « nous savons ce que nous savons » et ce fut le départ de la « révolution cognitive » opposée aux théories behavioristes, alors prédominantes. Ces dernières cherchent à comprendre le comportement humain par l'observation directe de celui-ci, tandis que Bruner et ses successeurs cherchent à le comprendre par les processus cognitifs qui le sous-tendent.

Faisons d'abord une distinction entre deux aspects de la conceptualisation : la formation des concepts et l'acquisition des concepts.

Formation des concepts

Quand quelqu'un décide que tels éléments vont ensemble pour certaines raisons, il a formé un concept, c'est-à-dire qu'il a décidé des critères qui permettent de classer ensemble certaines choses. Il a distingué un certain nombre de similarités et il prend sa décision d'après des ressemblances, sans s'occuper des différences. Ce sont les *similarités* – les attributs essentiels – qui comptent. Il se peut que le concept ainsi formé n'existe pas selon les conventions, ou qu'il soit « faux »; malgré cela, il remplit temporairement sa fonction d'organiser le monde pour la personne qui l'a formé. Avec le temps et l'expérience, le concept va se préciser et s'objectiver.

La formation des concepts est un processus naturel qui commence à fonctionner dès que l'homme sait faire des discriminations dans son environnement, c'est-à-dire dès le berceau. Le processus n'est pas conscient à ce moment-là, mais il gagnera à le devenir par la suite. Le jeune bébé qui hurle à la vue de personnes inconnues, montre qu'il a formé – à un certain niveau – le concept « membres de la famille », même s'il ne sait pas encore le dire ou si, par la suite, il invente un nouveau nom pour cette catégorie. La formation d'un concept est une construction progressive qui avance par paliers.

On ne sait pas comment les enfants regroupent des éléments, selon quels critères ils décident ce qui va ensemble. Ils opèrent différemment selon leurs connaissances, leur expérience, leur cadre de référence. C'est ce cadre de référence que Bruner appelle « structure cognitive »; celle-ci représente, en quelque sorte, l'organisation de toutes les connaissances acquises d'un individu.
Dans une école maternelle, j'ai fait l'expérience de montrer aux enfants, individuellement, un grand collage où étaient assemblées des formes géométriques qu'il fallait classer. Celles-ci étaient découpées dans des tissus de qualités et de couleurs différentes. Les plus grands, déjà conditionnés par leurs connaissances, avaient groupé selon la forme, et n'ont rien vu d'autre, tandis que les plus jeunes avaient une préférence pour la couleur. Certains avaient groupé selon la texture – « C'est doux », « Ça pique ». D'autres encore, peu nombreux, avaient proposé deux groupements possibles, mais toujours par rapport à un seul attribut. Personne n'a groupé en tenant compte de deux attributs simultanément.

C'est donc par rapport à la structure cognitive de chacun que se réalise la formation spontanée de concepts. Plus cette structure comporte d'éléments de connaissance, plus on est capable de proposer différents critères de groupement. Plus on a l'occasion de *s'entraîner* à voir des aspects différents, plus on devient capable de les distinguer.

Acquisition des concepts
L'acquisition des concepts se situe différemment. Il ne s'agit plus de chercher un mode de groupement selon des critères subjectifs, mais d'*identifier* la combinaison d'attributs selon laquelle un concept est déjà défini, que ce soit par le dictionnaire, l'enseignant ou l'interlocuteur qu'on a devant soi. Ce processus, quoique précédé par la formation des concepts, fonctionne aussi déjà très tôt. La formation des concepts peut se passer d'une interaction immédiate avec l'entourage tandis que l'acquisition d'un concept nécessite une interaction verbale puisqu'il s'agit, justement, de vérifier la règle de classification déjà déterminée par d'autres.
Imaginez un jeune enfant avec sa mère à un carrefour. Un énorme camion passe, il est rouge, il fait beaucoup de bruit. La mère montre le camion du doigt et dit « Camion ». Le lendemain, un autocar passe au même endroit : il est énorme, il est rouge, il fait beaucoup de bruit. L'enfant montre l'autocar du doigt et dit : « Camion »! – « Non, dit la mère, c'est un autocar ». Et ainsi de suite. Quand l'enfant sera capable de reconnaître les camions selon un certain nombre de signes communs (attributs essentiels, ici déterminés et imposés par sa mère) qui reviennent

chaque fois, bien que les camions soient différents, il aura acquis le concept « camion ».

Ce n'est pas le fait de *dire le mot* « camion » qui montre cette acquisition, mais le fait de le dire *au bon moment,* c'est-à-dire chaque fois que l'enfant se trouve devant un exemple nouveau de cette classe, devant un camion qu'il n'a pas vu auparavant. Il montre alors qu'il sait généraliser à partir d'un exemple.
Bruner résume ainsi la différence : « Il y a, dans un premier temps, l'acte de la formation des catégories ou des concepts : l'acte inventif par lequel les classifications sont construites... Les catégories sont développées en tant que réponses à des expériences. Il existe une seconde composante de l'activité conceptuelle que nous avons appelée " l'acquisition des concepts ". Elle consiste, par opposition à la " formation des concepts ", à rechercher et à valider des attributs qui peuvent servir à distinguer des exemples des non-exemples [7]. »
Et Bruner précise encore : « L'acquisition des concepts est un aspect de ce qu'on appelle traditionnellement " penser "... mais nous avons insisté sur un sens plus large : pratiquement toute activité cognitive comprend et dépend du processus de la catégorisation. De façon plus décisive encore, l'acte de catégoriser émane de la capacité de l'homme à passer du signe au signifié [7]... »

Stratégies de conceptualisation
Après cette distinction entre la formation des concepts et l'acquisition des concepts, essayons de comprendre quelques différences individuelles dans la façon de construire des concepts selon les expériences de Bruner. Il s'agit d'une situation expérimentale de conceptualisation (où les concepts sont arbitrairement définis par la combinaison d'une forme, d'une couleur et d'un nombre, entourée d'une bordure simple, double ou triple; par exemple 3 cercles rouges entourés d'une bordure simple) – situation artificielle, certes, mais qui donne des informations très utiles pour nous, enseignants. Dans la situation expérimentale le sujet ne bénéficie d'aucune aide, car le but est justement de voir comment il procède spontanément. Les difficultés inhérentes aux stratégies spontanées pourront par la suite être palliées par la pédagogie.

Six stratégies mentales spontanées ont été définies au cours de ces expériences, deux « stratégies de réception » et « quatre stratégies de sélection ». On peut les réduire à deux types principaux : un type global

7. Bruner, Goodnow and Austin, *A Study of Thinking* (« Une étude de la pensée »), New York, Wiley and Sons, 1956, p. 232, 233, 246.

(wholist) et un type analytique *(partist)*; dans notre contexte cette distinction est suffisante. Examinons-les.

Stratégie globale
Dans cette approche, le sujet se réfère au premier exemple rencontré et suppose que le concept à apprendre correspond à cet exemple. Il fait une hypothèse initiale à partir de la somme de tous les attributs exposés par un premier exemple : une carte avec deux carrés rouges et une triple bordure. Il utilise cet exemple dans sa globalité comme un guide pour déterminer, par les exemples suivants, si son hypothèse est confirmée. Si cela n'est pas le cas, il la révise en comparant l'hypothèse initiale au nouvel exemple et retient ce qu'ils ont en commun. Il continue à utiliser cette hypothèse révisée comme modèle, et élimine, au fur et à mesure, ce qui ne se confirme pas dans les exemples suivants, qu'ils soient positifs ou négatifs.
Il fait ce que Bruner appelle une « focalisation systématique » *(conservative focusing)*, une variante étant de retenir et vérifier plus d'une hypothèse à la fois, toujours à partir de la somme des attributs du premier exemple. Cette variante est appelée la « focalisation risquée » *(focus gambling)*. Elles ont en commun de fonder l'hypothèse sur la somme des attributs exposés par l'exemple initial et d'examiner les exemples suivants par rapport à l'hypothèse ainsi émise, pour se retrouver finalement avec la combinaison correcte des attributs.

Stratégie analytique
Dans ce type de stratégie, le sujet choisit, à partir du premier exemple, quelques attributs parmi la totalité présente, peut-être un seul, comme la couleur ou une combinaison de deux ou trois attributs, par exemple deux carrés rouges. Il vérifie ensuite au prochain exemple si ces attributs reviennent. Si oui, il continue, sinon il doit faire appel à sa mémoire pour choisir une autre combinaison possible et ainsi de suite. C'est « l'exploration successive » *(successive scanning)*. Il y a aussi ici une variante qui consiste à commencer avec plusieurs combinaisons possibles en même temps et à les vérifier toutes avec chaque nouvel exemple rencontré. C'est « l'exploration simultanée » *(simultaneous scanning)*.

Pour illustrer ces deux types de stratégie, prenons l'exemple de la mère qui, devant son enfant malade, doit décider quels symptômes elle va relater au médecin.
L'une va se dire : « Ah! c'est la rougeole » et elle va relater tous les symptômes qu'elle associe à cette maladie, à tort ou à raison. L'autre va consciencieusement relever des indices l'un après l'autre, sans relation apparente, fièvre, mal à la tête, boutons sur le visage, toux, mal au

ventre, vomissements, un pied enflé, insomnie, les yeux rouges, mauvais appétit...
L'une fait immédiatement une hypothèse basée sur un ensemble d'attributs, l'autre observe un détail après l'autre : deux manières différentes de traiter l'information. Dans une situation réelle, il est rarement possible d'isoler la somme des attributs essentiels aussi clairement que dans un exemple artificiel construit pour une expérience psychologique en laboratoire. Cela posera des problèmes pédagogiques auxquels nous reviendrons par la suite.

Comparaison des stratégies mentales spontanées
D'une façon générale, Bruner a noté que la stratégie globale « focalisation systématique » donnait les meilleurs résultats, car elle est la plus économique pour la mémoire. L'hypothèse est corrigée au fur et à mesure et tient compte des changements réalisés. On n'a donc pas besoin de mémoriser l'information non pertinente précédente, il suffit de se concentrer sur l'hypothèse en cours qui utilise toute l'information nécessaire. Seul l'exemple initial reste comme mesure, les risques sont ainsi minimisés.

En utilisant une stratégie analytique, il faut que le sujet mémorise toute l'information précédente et choisisse de nouvelles hypothèses par rapport à celle-ci, donc pendant tout le cursus il doit se souvenir de tous les choix déjà faits et éliminés. Comme les possibilités sont nombreuses, cette approche peut s'avérer longue et demander un effort cognitif considérable.

Les deux variantes de ces stratégies demandent un effort supérieur : il faut tester plusieurs hypothèses à la fois et l'effort de mémorisation est plus grand. En revanche, on obtient une plus grande quantité d'informations à chaque exemple, mais on risque aussi de se tromper, d'oublier et de tout perdre.

Le choix (inconscient) de ces stratégies peut dépendre des restrictions imposées au sujet. Si on limite le nombre d'exemples que le sujet a le droit d'utiliser, ou le temps dont il dispose, Bruner a trouvé qu'un changement de stratégie est prévisible. Il a été frappé par la flexibilité des sujets prêts à changer de stratégie et à l'adapter à une situation donnée. Ce résultat me paraît important, car il permet d'en déduire qu'on peut volontairement influer sur les « choix » de stratégies par les choix pédagogiques et ainsi modifier la façon de penser de l'élève pour qu'il apprenne mieux.
Il faut se souvenir que les stratégies décrites par Bruner sont des stratégies spontanées, étudiées en tant que telles dans un laboratoire de

psychologie expérimentale. Si un type de stratégie paraît plus efficace dans le contexte de l'expérimentation, cela ne veut pas dire qu'on ne peut pas profiter d'une combinaison des deux – comme nous allons le voir – en y ajustant la pédagogie.

Ce chapitre a voulu montrer que la problématique de l'apprentissage se situe à deux niveaux : le savoir et son élaboration. La transmission de connaissances exige donc la prise en compte de ces deux niveaux. Pour mieux se les représenter, les notions de concept et de conceptualisation ont été proposées comme des modèles opératoires.
Autrement dit, il y a dans les programmes scolaires un savoir – des connaissances, des savoir-faire – qui est à enseigner. Avant de le transmettre il faudrait le *rendre transmissible :* délimiter le contenu à ce qui est essentiel en fonction d'un public donné, le structurer selon une hiérarchie formelle. Après seulement peut commencer la transmission. Si celle-ci est efficace, des opérations mentales sont déclenchées chez les élèves. Ce « travail intellectuel » suscité par les activités que l'enseignant propose, va permettre aux élèves de percevoir l'information, ensuite de la « traiter » et finalement d'atteindre l'abstraction. Ce processus pourrait être représenté par le schéma suivant :

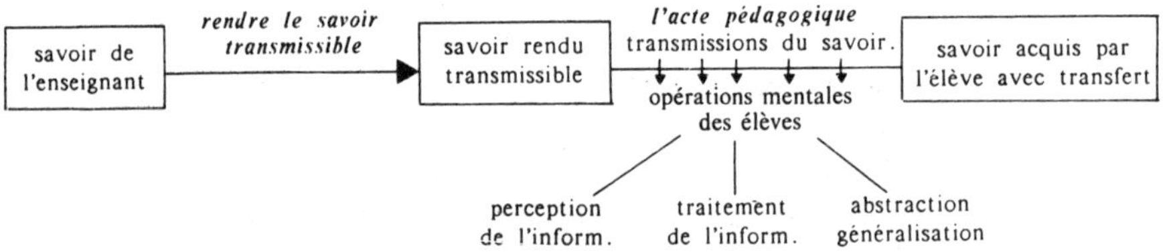

Cela nous donne quatre concepts à travailler : le savoir et sa transformation, la transmission, les opérations mentales et l'évaluation du savoir acquis avec transfert. C'est ce que nous allons faire.

Après ces définitions préliminaires des structures opératoires du concept et de la conceptualisation représentant le savoir et son élaboration, je vous invite à entrer dans le vif du sujet : la pratique pédagogique.

Chapitre 3

L'apprentissage des concepts :

l'exemple d'un « modèle pédagogique [1] »

Ce chapitre se propose de montrer une situation d'apprentissage, pour en dégager les possibilités de la constituer en modèle.
Cet exemple concret permettra de mieux suivre le cheminement d'un apprentissage qui commence par la perception d'un concept présenté pour être appris et se termine par l'acquisition de celui-ci au niveau de l'abstraction et de la généralisation [2].

Le concept choisi pour ce premier exemple est une figure arbitrairement définie, appelée « WEZ », reprise d'une expérience de Smoke, d'après Fraisse dans son *Manuel pratique de pédagogie expérimentale.* Ce choix a été fait délibérément pour simplifier la situation d'apprentissage et pour mieux dégager la démarche elle-même, objet de notre observation. Celle-ci sera ensuite transposée à l'enseignement de tout contenu, ayant la structure d'un concept. Ainsi, un deuxième exemple montrera la démarche transposée à l'enseignement d'un concept grammatical.

1. L'expression *modèle pédagogique* pour l'apprentissage des concepts est ici utilisée dans le sens d'une démarche pédagogique dont les actions sont généralisables à d'autres situations d'apprentissage de concept.
2. La différence entre ces deux niveaux d'acquisition (l'abstraction et la généralisation) sera précisée plus loin.

UNE SITUATION D'APPRENTISSAGE

Phase I : observation, exploration

Enseignant :

l'existence d'un problème à résoudre, les règles du jeu

On va faire un jeu où il s'agit de trouver l'idée que j'ai en tête. Pour vous aider, je vais vous donner des exemples de mon idée. Deux sortes d'exemples : on va les appeler les « exemples OUI » et les « exemples NON ». A chaque fois que vous voyez un « exemple OUI », vous pouvez être sûrs qu'il contient **toutes** les caractéristiques essentielles de mon idée. A chaque fois, **toutes** les caractéristiques, **toutes** les conditions nécessaires pour que l'exemple soit un « exemple OUI » sont présentes. Votre tâche consiste à chercher tout ce que les « exemples OUI » ont en commun, tout ce qui revient à chaque fois dans **tous** les « exemples OUI ». Pour que ce soit plus facile, vous avez aussi des « exemples NON ». Le premier exemple négatif ne contient aucune caractéristique de mon idée. Ensuite, au fur et à mesure qu'on progresse, vous allez trouver certaines caractéristiques présentes aussi du côté « NON », **mais jamais toutes à la fois.** Rappelez-vous, pour que ce soit un « exemple OUI » il faut que **toutes** les caractéristiques essentielles soient présentes en même temps.

définition de la tâche; l'apprenant sait comment s'y prendre

Dès que vous pensez avoir trouvé quelque chose, vous pouvez le dire et je le marquerai ici sur le tableau. N'ayez pas peur de vous tromper; si c'est le cas vous pourrez le vérifier au prochain exemple et rayer ce qui n'est plus valable.

le droit à l'erreur, autovérification possible

On va mettre les « exemples OUI » de ce côté-ci et les « exemples NON » de ce côté-là. D'accord? tout le monde a compris? Bon.

Pour le premier exemple, je vous demande de prendre un temps de réflexion avant de dire ce que cela représente. Que chacun réfléchisse un moment en silence. Voici mon premier exemple : observez, réfléchissez... silence...

pensée intuitive, représentations initiales

oui

Qu'est-ce que vous croyez que c'est? Cela vous fait penser à quoi?
Apprenant : Un V.
L'enseignant écrit un V.

propose une hypothèse

E. Autres idées?
A. Une pointe.
A. Une pointe de stylo à encre.
A. Le toit d'une maison à l'envers.
A. Un point.
L'enseignant écrit tout ce que les apprenants proposent, accepte tout.

– observe un attribut
– autre hypothèse
– autre hypothèse
– observe un attribut
feed-back neutre

E. Il y a déjà pas mal de choses pour un premier exemple. Maintenant je vais vous donner un « exemple NON » et vous pourrez comparer les deux. Rappelez-vous que le premier « exemple NON » ne possède **aucune** caractéristique de mon idée.

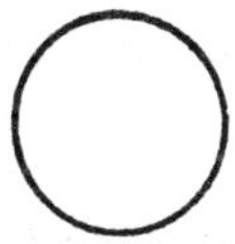

non

A. Ça n'a pas d'angle.
A. Ça a un angle.
A. Le « OUI » a un angle.
E. Tu veux dire que côté « NON » il n'y a pas d'angle donc côté « OUI » il y a un angle?
A. Oui, c'est ce que je pense.
E. D'accord.
L'enseignant prend note.

comparaison des attributs
clarification

A. Il n'y a pas de point; il n'y a qu'une forme, il n'y a qu'une ligne continue, donc il y a un point côté « OUI ». Il y a deux différences, il y a le point...
A. *qui interrompt.* Ça a déjà été dit.
A. ... Il y a le point et l'angle.

l'exemple « NON » élucide l'exemple « OUI »

E. D'accord. Bon. Je vais vous donner un autre exemple « OUI ».

oui

A. On peut barrer « toit à l'envers ».
E. Effectivement. *(L'enseignant barre.)* Est-ce qu'on peut garder « stylo à encre »?
A. Oui.

élimination d'un attribut qui n'est plus valable

E. D'accord. Est-ce qu'on peut toujours garder la lettre V?
A. Non, l'orientation n'est plus la bonne.
A. Est-ce que vous vous éloignez de votre première idée?

E. Non, chaque « OUI » est un exemple de mon idée. Même s'il prend une forme différente. Il faut tout le temps chercher ce que les « OUI » ont en commun, comprendre pourquoi les « exemples OUI » sont du côté « OUI »; ils sont là parce qu'ils ont quelque chose en commun qui revient à chaque fois. Car j'ai dit qu'à **chaque** fois **toutes** les caractéristiques de mon idée sont présentes, ce sont des **constantes.**

rappel de la tâche

recherche des attributs essentiels communs à tous les exemples « OUI »

A. Toutes?

E. Oui, toutes. Je vais vous donner un autre « NON ». Regardez bien.

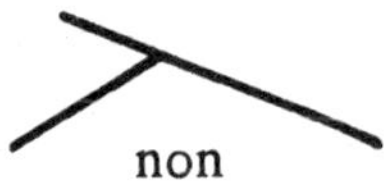

non

A. On peut barrer qu'il y a tout le temps un angle.

A. Non, ce n'est pas sûr, parfois il y a des choses en commun des deux côtés, ce n'est pas cela qui décide s'il faut barrer.

E. Effectivement, parfois on retrouve des caractéristiques de l'idée qu'on cherche également dans les exemples « NON » **mais,** et c'est cela qui est important, **jamais toutes à la fois.** Aussi longtemps qu'une caractéristique est présente dans chaque exemple positif, il ne faut pas barrer. Ce sont les constantes que nous cherchons à identifier.

rappel des « règles du jeu »

A. Il y a plusieurs choses en commun?

E. Oui.

A. Des lignes en diagonales.

E. Oui...

A. Dans les « NON », il y a une droite et une demi-droite et dans les « OUI » il y a deux demi-droites de même origine.

l'apprenant commence à comprendre qu'on cherche les attributs « essentiels »

A. *rit et fait signe qu'il ne comprend pas ces mots.*

E. Oui, tu peux expliquer, ou quelqu'un d'autre, ce que tu veux dire par là, car tout le monde ne comprend pas ton langage.

A. Dans les « OUI », les deux segments s'arrêtent au même endroit.

reformulation

A. ...dans le « NON », l'un dépasse l'autre.

A. ...dans les « OUI », ils s'arrêtent à l'endroit où ils se touchent.

mise en relation chacun fait le lien

A. Oui. Ils s'arrêtent en un point... le même point. Il y a donc deux segments de même origine.
E. D'accord. Je vais vous donner encore un « exemple OUI ».

oui

A. Le point est toujours là.
A. Il est toujours à l'intérieur, entre les deux.

vérification des attributs

L'enseignant prend note.
E. Donc on garde « le point » et ajoute « à l'intérieur ».
A. Le point est sur la bissectrice.
A. *rit et fait signe d'incompréhension.*
E. Tu peux dire cela différemment? Où est-ce que le point est situé?
A. Entre les deux.
A. Si on pliait l'angle en deux, le point serait sur la ligne du pliage.
E. Oui. Tout le monde est d'accord? Bon, est-ce que ceci est vrai pour tous les « OUI » jusqu'à présent?
A. Oui, le point est toujours sur la ligne de pliage et toujours à l'intérieur.

vérification, chacun a l'occasion de garder ou modifier son hypothèse

L'enseignant souligne.
E. On garde « sur la ligne du pliage » et « à l'intérieur ».
A. On pourrait dire aussi à la même distance de chaque segment...
A. ...ou au milieu.
E. C'est juste. Maintenant je vous donne encore un « OUI ».

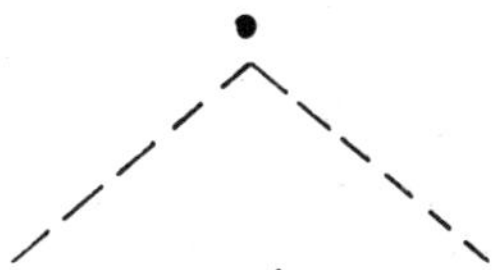

oui

A. On peut barrer : « à la même distance de chaque segment ».
A. Non, c'est toujours sur la ligne du pliage.
A. Le point n'est plus à l'intérieur.
A. Le point est à l'extérieur.
A. Ce n'est pas obligé que ce soit à l'intérieur aussi...
A. Donc, on barre « à l'intérieur ».

attribut qui n'est plus nécessaire

E. Tout le monde est d'accord? Bon. Je barre « à l'intérieur ». Est-ce que le point est toujours sur la même ligne bien qu'il ne soit plus à l'intérieur?

clarification

A. Ah oui!
E. Comment en être sûr?
A. Si je plie, le point est toujours sur la ligne du pliage

vérification

E. Donc on garde cela?
A. Oui.
E. Bon, d'accord.
A. Et puis il y a toujours le point.
E. Le point revient toujours.
A. Il y a des pointillés aussi...
E. Oui... Est-ce que c'est important?
A. Oui, il faut marquer « ligne pleine ou pointillée ».
A. Non, ça ne veut rien dire. De toute façon, les figures ne sont pas toutes pareilles, donc il peut y avoir des indices qui n'ont pas d'importance.

faire la différence entre un attribut essentiel et non essentiel

E. Vous êtes d'accord que ce qu'on recherche c'est ce qui revient à chaque fois; ce qui nous intéresse, ce sont les traits caractéristiques qu'on retrouve dans **chaque** exemple. Je vais vous montrer encore un « NON ».

rappel de la tâche, recherche de ce que les exemples « OUI » ont en commun

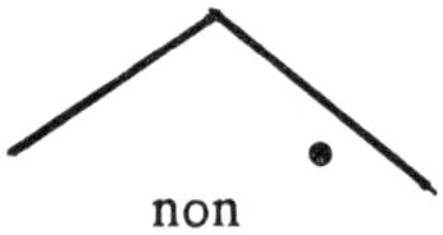
non

A. Cela confirme le fait que le point se trouve à distance égale de chaque segment.
A. Oui, mais à part cela, c'est pareil...
E. Qu'en dites-vous?
A. Ça suffit pour qu'on ne puisse pas l'admettre dans les « OUI ».
E. D'accord?
A. Ah oui, d'accord! Il faut que tout soit vraiment pareil.

distinguer des attributs essentiels des attributs non essentiels

E. Si vous voulez, on va regarder la liste qu'on a jusqu'à présent et vérifier si tout ce qui reste est valable : « une pointe ».
A. Oui, on garde.

vérification des attributs essentiels

E. « Un bec »?
A. Non, puisqu'il y a le pointillé.
E. « Un point »?
A. Oui.
E. « Deux lignes droites »?
A. Oui.
E. « s'arrêtent à l'endroit où elles se touchent »?

A. Oui, ça rejoint la pointe.
E. « à la même distance de chaque segment ». Qu'est-ce qui se trouve à la même distance?
A. Le point. Oui, mais je préfère « sur la ligne du pliage ».

formulation progressive

E. D'accord, on garde « sur la ligne du pliage ». Alors, est-ce que tout cela est vrai à chaque fois? Est-ce qu'à chaque fois on retrouve « deux lignes droites », « qui s'arrêtent à l'endroit où elles se touchent », « un point », « situé sur la ligne de pliage »...
A. Oui, c'est vrai à chaque fois.
E. Est-ce qu'il y a **autre** chose qui est pareil à chaque fois? Comparez tous les « exemples OUI » Trouvez-vous autre chose que vous n'avez pas encore dit?
Grand silence.

recherche des attributs manquants, incitation à la comparaison et à l'inférence

E. Pour vous aider, je vais vous donner encore un « NON ». Comparez bien les exemples positifs avec ce « NON ».

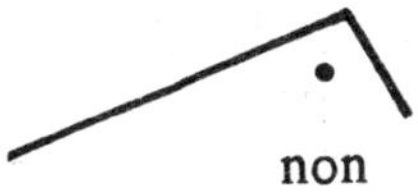

non

A. Ah oui, ils sont de la même longueur.
A. Les deux segments sont de longueur égale.
A. Donc, on peut ajouter « segments égaux ».
E. Je note « segments égaux ». Maintenant, nous avons non seulement deux segments, mais ils sont de la même longueur, ils se rencontrent et s'arrêtent à l'endroit où ils se touchent et il y a un point sur la ligne de pliage. Tout cela arrive à chaque exemple positif.

mettre sur la voie sans fournir directement la solution
résumé de la nouvelle combinaison

A. Oui, c'est juste.
E. Bon. J'ai l'impression que vous commencez à avoir une assez bonne idée de mon idée, et pour le vérifier, je vais vous donner des exemples sans vous dire s'ils sont des « exemples OUI » ou des « exemples NON »; c'est vous qui allez me le dire, en justifiant votre réponse.

Phase II : représentation mentale

L'enseignant donne un exemple.

A. *s'exclament tous à la fois :* C'est un « NON »!

évaluation formative

E. Pourquoi?
A. Parce que le point n'est pas à égale distance des deux segments, donc c'est un « NON ».

E. Tout le monde est d'accord? Oui, c'est juste. Je vous en donne un autre.

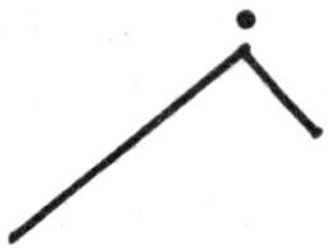

A. C'est un « NON » parce que les segments ne sont pas de la même longueur.

E. Tout le monde est d'accord? Oui, c'est un « NON » pour cette raison.

L'enseignant donne un autre exemple.

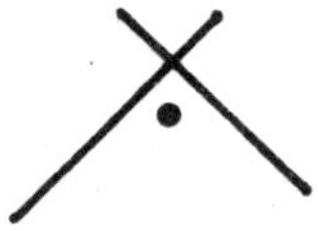

A. C'est un « NON », il n'y a pas d'angle.

E. Qu'est-ce que tu veux dire par là?

A. Les deux segments ne s'arrêtent pas à l'endroit où ils se touchent.

E. Est-ce que tout le monde est d'accord avec cette explication? Bon, très bien. Un dernier exemple : *(l'enseignant dessine)* un « OUI » ou un « NON »?

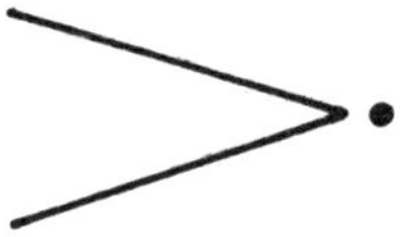

A. Un « OUI ».

E. Pourquoi?

A. Tout y est, la pointe, les deux segments de la même longueur, le point situé sur la ligne du pliage.

E. Tout le monde est d'accord?

A. Non, parce qu'on n'a jamais vérifié qu'ils étaient... si c'est un « OUI » ou un « NON », s'ils ne sont pas toujours orientés de la même façon...

A. Comment ça?

E. Effectivement, jusqu'à présent tous les exemples positifs étaient orientés soit en haut, soit en bas, on n'a jamais vu cette orientation-là... déséquilibre

A. Puisqu'on sait tout ce qu'il faut, on n'a pas à s'occuper de ça! Ça nous est égal!

A. Puisque l'orientation n'est pas toujours la même, ce n'est pas une constante. modification

E. Tout le monde est d'accord avec cela? Il suffit de retrouver les « indices », comme quelqu'un disait tout à l'heure, les caractéristiques essentielles, c'est-à-dire tout ce que les « exemples OUI » ont en **commun** à **chaque** fois, c'est **cela** qui nous intéresse! Si après ils sont rouges ou verts, grands ou petits, orientés est ou ouest, cela n'a pas d'importance... Est-ce que tout le monde suit ce raisonnement?

A. Ah oui, d'accord maintenant je vois.

rectification

E. Bon. Je vais vous dire comment on appelle les exemples positifs. Ils ont un nom. Vous ne pouvez pas le connaître car il n'existe pas en réalité, mais peu importe. Les exemples positifs sont appelés des « WEZ ». En admettant que cette notion ait pu exister, comme n'importe quelle figure géométrique, vous avez appris aujourd'hui ce que c'est qu'un « WEZ ». Je vais demander à chacun de venir ici et de dessiner un WEZ. Mais attention, il faut qu'il soit conforme aux conditions, même s'il est différent!

introduction de l'étiquette

Phase III : abstraction

L'apprenant dessine.

E. Le jury, est-ce un WEZ?

A. Oui, parce qu'il y a le point, situé au milieu des deux segments.

autoévaluation

A. ...et les segments s'arrêtent dans un point et ils sont de la même longueur.

E. Très bien, c'est juste. Au prochain.

Un autre apprenant dessine.

A. Il est bon aussi, pour les mêmes raisons.

E. Au prochain, essaie de faire un peu différent...

A. Le point est très loin, mais c'est quand même un WEZ.

évaluation

A. On aurait pu faire une ligne avec un point au milieu...

E. Fais-le!

L'apprenant dessine.

E. *aux autres :* Pourquoi est-ce que c'est un WEZ?

A. Il est simplifié. Mais il y a toujours les deux segments qui se rencontrent en un point...

A. *l'interrompant :* Mais il n'y a pas d'angle!

E. Cela dépend de ce qu'on appelle angle. Tout à l'heure, tu as dit que l'angle c'est quand deux segments s'arrêtent à l'endroit où ils se touchent. Si on garde cette explication-là pour le moment, acceptes-tu que deux lignes droites et de longueur égale, bien qu'elles soient hori-

zontales et ressemblent à une seule ligne, peuvent former un WEZ?
A. Ah oui, c'est juste, elles sont écartées au maximum, je vois. *Pause.* Dans ce cas-là je vous dessine ceci, c'est un WEZ aussi! A condition de comprendre qu'ici les deux lignes se superposent.

E. Tout le monde est d'accord? Ce dernier WEZ nous montre bien qu'on peut reconnaître des exemples d'une idée bien qu'ils soient très différents et qu'on ne les ait jamais vus auparavant.
A. Il suffit de connaître les indices.
E. Oui, c'est ça, il suffit de connaître les indices.

prise de conscience du processus

Chapitre 4

Stratégies d'enseignement :

comment aider les élèves à construire leur savoir?

Observons cette situation d'apprentissage telle qu'elle vient de se dérouler en examinant les problèmes pédagogiques au fur et à mesure qu'ils arrivent.
La stratégie d'enseignement proposée est divisée en deux parties : la préparation et la mise en œuvre.
La préparation y a joué un rôle important; elle exige que le contenu soit analysé pour être transmissible à un public donné. Cette analyse détermine le *niveau de complexité* (le nombre d'attributs et lesquels en priorité), la *structure de relation* entre les attributs (relation conjonctive, disjonctive ou relative) et situe les attributs par rapport à leur *niveau d'abstraction* (catégories supérieures, sous-catégories). Il est également utile de déterminer *le niveau de validité* des attributs (définition scientifique ou subjective, voir chapitre 2). Le choix des exemples et la formulation des questions élucidantes sont conditionnés par ces décisions comme nous le verrons plus loin dans des situations concrètes.
La mise en œuvre a deux « acteurs » : l'enseignant et les apprenants. L'enseignant a essentiellement deux tâches : la structuration de la leçon et l'interaction avec les élèves. Cette interaction détermine le niveau intellectuel des élèves. La stratégie peut être représentée par le schéma page suivante.

PREMIÈRE PHASE : OBSERVATION, EXPLORATION

Les consignes
Dans la situation transcrite, c'est l'enseignant qui prend la parole le premier et son intervention est assez longue. Elle a pour but de structurer

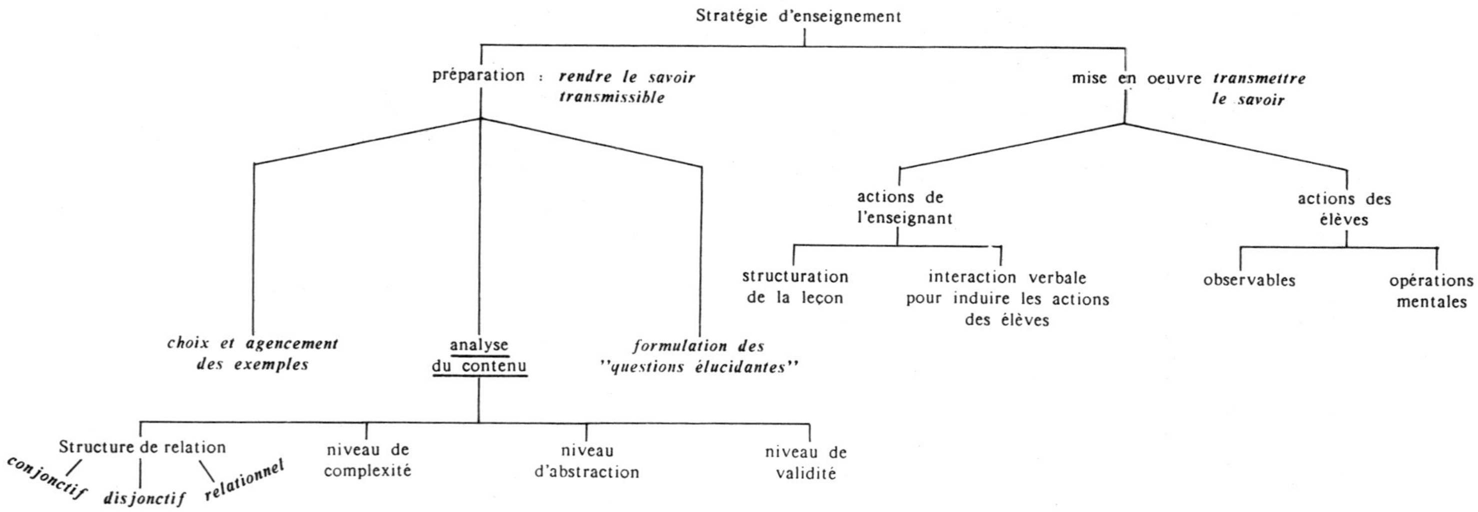

Stratégie d'enseignement
préparation : rendre le savoir transmissible
mise en oeuvre transmettre le savoir
choix et agencement des exemples
analyse du contenu
formulation des "questions élucidantes"
actions de l'enseignant
actions des élèves
structuration de la leçon
interaction verbale pour induire les actions des élèves
observables
opérations mentales
Structure de relation
conjonctif
disjonctif
relationnel
niveau de complexité
niveau d'abstraction
niveau de validité

la tâche et de motiver l'élève en montrant qu'il y a un problème à résoudre, et en donnant les règles du « jeu ».
Quand l'élève a bien compris le problème qu'on lui pose cela suffit en général pour lui donner envie de le résoudre; ceci est d'autant plus vrai qu'on lui assure une aide si nécessaire. Le défi qui lui est proposé éveille son désir de chercher. Au lieu d'écouter un discours, il peut entreprendre quelque chose et peut-être réussir. Il participera activement à l'élaboration de la réponse, il aura l'occasion de confronter en classe sa vision des choses. Il pourra exposer ce qu'il découvre. Ce n'est pas la récompense sous forme d'une bonne note éventuelle qui l'attire, mais plutôt le plaisir de l'action elle-même. La motivation intrinsèque a une tout autre puissance sur la mobilisation intellectuelle que la motivation extrinsèque. Le fait de mettre l'élève devant un problème à résoudre, de lui expliquer de quoi il s'agit, de l'assurer qu'on va lui donner les moyens d'y arriver, est une façon de préparer sa disponibilité intellectuelle.
Avant de commencer un enseignement, on devrait toujours chercher à susciter chez l'élève *« l'intention d'apprendre »,* afin qu'il soit prêt à enregistrer, prêt à agir intellectuellement sur le contenu qu'on lui propose. Personne ne peut le faire pour lui, il faut que l'apprenant, lui-même, consciemment, fasse l'effort de s'approprier le nouveau contenu. Il faut qu'il soit disposé à réfléchir. C'est là un problème pédagogique [1].

Le droit à l'erreur

Une autre condition nécessaire est qu'il sache qu'il a droit à l'erreur. Quel chercheur ne se trompe pas en route? L'écolier, par contre, apprend vite qu'il vaut mieux ne pas se hasarder à poser une question idiote et s'exposer au ridicule. Apprendre en classe est une chose très risquée. Tant qu'on n'a pas l'assurance de ne pas être pénalisé sous une forme ou une autre, il vaut mieux ne pas se faire remarquer. C'est pourquoi, ici, dès les premières consignes, on dit clairement que toute idée peut être bonne et sera notée au tableau par l'enseignant. Les règles du jeu données permettent de vérifier sa validité au fur et à mesure. On assure ainsi l'élève que si jamais il se trompait, il y a moyen pour lui de rectifier l'erreur en cours de route. Il est libre d'explorer. Il peut se lancer à la recherche de la solution.

1. L'incitation à faire « le geste d'attention » (A. de la Garanderie, *Pédagogie des moyens d'apprendre,* Le Centurion, 1982) est une autre façon de prendre en compte ce problème. L'écoute de musique baroque et classique (la « suggestopédie », méthode bulgare, de G. Lozanov) ou des exercices respiratoires (M. Flack, *Des enfants qui réussissent : le yoga à l'école,* EPI, Paris, 1985) en sont encore d'autres.

La perception intuitive

Avant de recueillir les propositions des élèves, l'enseignant a demandé à chacun de réfléchir en silence pendant quelques minutes, sans se laisser influencer par le voisin.

Cette consigne a un but précis. Le temps de réflexion va permettre à l'élève, à partir de son cadre de référence personnel, de sa perception intuitive, de voir ou d'entendre ce qui lui est accessible dans un premier temps. La durée ne doit pas être trop brève pour que chacun ait le temps de bien observer ou d'écouter le premier exemple qui représente le problème à résoudre. Au fur et à mesure que l'enseignant note les propositions – toutes, et sans jugement – il peut aussi faire son diagnostic : qui a vu, entendu, quoi? qu'est-ce que personne n'a vu? Les élèves ont également l'occasion de se rendre compte que tout le monde n'observe pas la même chose bien que l'objet en cause soit le même. Il y a plusieurs bonnes réponses possibles. Dans l'exemple rapporté dans le chapitre précédent, tel élève voit un point, l'autre un toit de maison à l'envers. Je me souviens d'autres interprétations : l'historien qui voit le V de la victoire, le jeune homme qui voit un décolleté avec un grain de beauté, la petite fille qui voit le bec d'un oiseau et le « matheux » qui voit deux demi-droites. Untel observe plutôt les détails, un autre se fait déjà une idée globale. Il y a des différences individuelles dans l'observation, nous y reviendrons dans le chapitre suivant. Ce qui paraît important dans un premier temps est de prévoir le moment où l'enseignant peut se rendre compte des premières perceptions intuitives de l'élève afin de mieux les guider par la suite. Cela peut éventuellement l'amener à décider qu'il est trop tôt pour aborder la notion en question, qu'il faut d'abord préparer le terrain, retourner en arrière pour rectifier des représentations qui feraient obstacle. Cet échange permet à l'élève de se mettre en « disponibilité intellectuelle » et à l'enseignant de s'informer sur ce que les élèves savent déjà [2].

La recherche des attributs

La première tâche que les élèves ont à exécuter consiste à trouver ce qui caractérise « l'idée » ou le concept que l'enseignant a « en tête ». Pour faciliter cette tâche, on va donner aux élèves des *exemples* de cette idée contenant à chaque fois *tous* les attributs. On va aussi leur

2. C'est ce que Bruner appelle le « problème de la compatibilité ». Il s'agit d'aborder un problème de façon à ce que l'élève puisse trouver un moyen de rattacher la chose nouvelle à un ensemble structuré de connaissances qu'il possède déjà.
David Auzubel (*Educational Psychology*, Holt, Rinehart and Winston, New York, 1978) insiste également fortement sur ce point : « L'unique facteur le plus déterminant dans l'apprentissage est ce que l'élève sait déjà. » Cette notion est bien connue mais pas systématiquement mise en pratique.
André Giordan donne des exemples très éclairants sur les problèmes de représentations/obstacles dans *Une pédagogie pour les sciences expérimentales*, Le Centurion, 1978.

donner des *contre-exemples,* en précisant bien que ce sont des exemples négatifs. Dans la vie, en formant des concepts, nous disposons aussi des contre-exemples, mais comme on ne les reconnaît pas nécessairement en tant que tels, c'est uniquement en les vérifiant avec notre entourage qu'ils peuvent nous être utiles (« C'est un camion? » « Non, c'est un autobus »).

L'importance du contraste

Selon Bruner le « contraste » est l'un des outils les plus puissants dont nous disposons pour organiser nos connaissances. Un concept réclame dans sa définition le choix d'un cas négatif et en faisant explorer le « contraste » on aide l'apprenant à structurer les éléments qu'il rencontre. Ce « contraste » c'est l'enseignant qui le construit en choisissant un ensemble d'exemples négatifs, d'autant plus efficace qu'il permet à l'élève de faire des discriminations appropriées. Nous reviendrons longuement sur le *choix des exemples* car il paraît primordial dans toute transmission du savoir.

Certains enseignants critiquent l'idée des contre-exemples et craignent que l'élève ne s'embrouille. Cela n'a pas été confirmé par mon expérience, mises à part quelques hésitations la première fois que l'élève travaille de cette façon. Au contraire, l'utilisation des contre-exemples aide l'élève à repérer les attributs essentiels qu'il doit abstraire et à situer le concept dans un réseau de relations. Un contre-exemple, présenté en tant que tel, confirme ou infirme « l'hypothèse de travail » et constitue un outil important dans la construction des concepts. Les erreurs faites par les élèves peuvent être considérées de la même façon : des outils constructifs du travail intellectuel dont il faudrait se servir. On pourrait parler d'une « stratégie des erreurs ».

Moyen de guidage : les exemples

La fonction des exemples est justement de guider l'élève dans sa première tâche, à savoir faire la différence entre attributs essentiels et attributs non essentiels.

Pour quelles raisons a-t-on classé ces exemples *différents* dans une même catégorie? Quelles sont les conditions, quels sont les critères? Qu'est-ce qu'ils ont en commun? Quelles sont les constantes? Voilà les questions que l'élève doit se poser. Et c'est par le choix et l'ordre des exemples que l'enseignant peut influer sur les décisions de l'élève. Ce choix est pour l'enseignant un moyen de guider la perception de l'élève, de l'aider à voir ce qui est essentiel pour l'apprentissage en question. D'où l'importance du choix des exemples. Qu'est-ce qui caractérise un « bon exemple »?

Les propositions suivantes ne sont pas exhaustives. Elles ont été définies pour permettre d'élargir et d'affiner la perception des élèves.

L'exemple positif initial
Considérons d'abord la position dans le temps. Le premier exemple positif est le plus important car il va servir à formuler l'hypothèse du travail. Il doit être sans ambiguïté, clairement contenir tous les attributs essentiels et ne pas être encombré de trop d'attributs non essentiels. Si on veut montrer un cheval, on a intérêt dans un premier temps à ne pas l'entourer de toute la basse-cour. Si on veut attirer l'attention sur le complément d'objet direct, il ne faut pas le noyer dans un vocabulaire incompréhensible, dans une phrase très longue, avec trente-six autres compléments. On est là pour montrer et non pour cacher le contenu. « Alors c'est trop facile », me rétorque-t-on parfois. Non, c'est l'enseignant qui pense que c'est trop facile parce qu'il connaît déjà. Rien n'est jamais trop facile si on ne connaît pas. Si l'élève donne la bonne réponse immédiatement, ce n'est pas parce que c'est trop facile – mais soit parce qu'il connaît déjà le concept, soit parce qu'il connaît cet exemple – sans nécessairement connaître le concept. Dans les deux cas il faut faire une vérification pour pouvoir prendre la décision de passer directement à la suite ou de continuer la leçon comme prévu.
On a donc intérêt à simplifier le premier exemple positif pour que les attributs ressortent.

L'exemple négatif initial
Le premier exemple négatif ne doit contenir aucun attribut essentiel. Au contraire, il est choisi pour ses caractéristiques opposées et aide ainsi l'élève à focaliser son attention sur les constantes des exemples positifs. Dans l'exemple du WEZ, un cercle fermé  s'oppose bien à l'angle et à l'ouverture de la figure WEZ . Une figure en S s'oppose bien à un parallélogramme. En philosophie le concept « l'irrationnel » est clairement caractérisé par l'exemple :

« La terre est bleue comme une orange »
(Reverdy)

qui s'oppose bien à l'exemple négatif suivant :

« Le syllogisme est un discours dans lequel certaines choses étant posées, quelque chose d'autre que ces données en résulte nécessairement par le seul fait de ces données. »
(Aristote, Anal. I,1, 24b.)

Il est évidemment important d'être informé du fait que les deux exemples n'ont aucun attribut en commun. Un deuxième exemple positif, présenté rapidement ou en même temps, permet de progresser dans la recherche des attributs essentiels et d'éviter que l'élève ne parte sur des fausses pistes.

Le nombre des exemples
Cela nous amène à un deuxième critère très important : le *nombre*. Un seul exemple ne suffit jamais, il faut en avoir beaucoup, seule la comparaison entre plusieurs exemples du concept permet d'abstraire ce qu'ils ont en commun, tout en négligeant leurs autres caractéristiques. Combien de fois l'élève ne doit-il pas se contenter d'*un* exemple – ce qui induit une association verbale avec cet exemple donné, c'est-à-dire un processus de stimulus-réponse et non un processus d'abstraction. L'exemple de l'apprentissage du concept « solidité » (chapitre 1), montre bien cette situation. S'il faut en effet donner plusieurs exemples, il est également important de les exposer ensemble ou, quand c'est possible, les donner tous à l'élève pour qu'il puisse les comparer sans effort de mémorisation.
Le fait de noter au tableau, visibles à tous, toutes les propositions faites, diminue également l'effort de mémorisation et permet à l'élève de revenir aux idées précédentes pour les vérifier. C'est un support pédagogique important sans lequel il est limité dans son raisonnement. Il permet de pallier les difficultés de mémorisation notées par Bruner dans la situation expérimentale (chapitre 2).

La variété des exemples
En cherchant les exemples appropriés, il faut également penser à les *varier* au maximum. Concrètement cela veut dire de veiller à ce que les attributs *non essentiels* changent. Un losange toujours présenté dans une même position laisse penser que cette position fait partie de l'idée. Un adverbe toujours donné avec la terminaison « -ment » fait croire que c'est cela qui est indispensable... Les exemples donnés ici sont très simples, mais le phénomène est évidemment le même quand on fait un exposé sur un concept beaucoup plus complexe, sans possibilité de contrôler ce que l'élève retient comme attribut essentiel. Si on n'est pas conscient de l'importance de cette variété des exemples, on risque d'induire l'élève en erreur et c'est d'ailleurs ce qui se passe souvent : il prend les attributs non essentiels qui reviennent avec régularité pour des constantes et il va donc confondre les attributs essentiels avec les non essentiels. C'est justement ce qu'il faudrait éviter par la variété des exemples.

Le mode d'exposition des exemples

Si la variété des exemples est importante, le *mode* de leur exposition l'est autant. Bruner nous a alertés sur le fait que chaque individu possède trois systèmes parallèles pour appréhender et coder l'information : le mode sensori-moteur, le mode visuel et le mode symbolique [3]. Trop souvent, l'enseignant va favoriser le mode symbolique, en oubliant que certains élèves font davantage fonctionner le mode visuel ou sensori-moteur, c'est-à-dire qu'ils se réfèrent à l'image ou à la manipulation plutôt qu'au mot. En passant d'un mode de représentation à l'autre en « spirale », reprenant les données par des modes différents, la pensée évolue vers une plus grande abstraction.

Concrètement cela veut dire qu'il faudrait présenter les exemples de façon variée : expérimentations, démonstrations, images, schémas, diagrammes, mots parlés, mots écrits... Sans connaître les différences individuelles, le fait de varier systématiquement le registre permet à chaque élève de s'habituer à appréhender l'information par des modes différents.

Le choix des exemples négatifs

Le choix des exemples négatifs s'est avéré aussi important. La difficulté pour l'élève est donc de discerner les attributs essentiels du concept. On facilite ce processus si on choisit, pour chacun de ses attributs, un contre-exemple qui y attire l'attention et permet de confirmer la décision. Voyons ce que cela donne dans le cas du concept WEZ :

WEZ

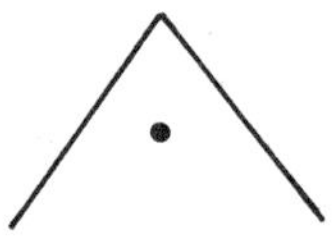

Les attributs essentiels

1. deux segments de droite
2. de longueur égale
3. qui se touchent par leurs deux extrémités
4. avec un point situé à égale distance des deux extrémités

Contre-exemples possibles pour chacun de ces attributs :

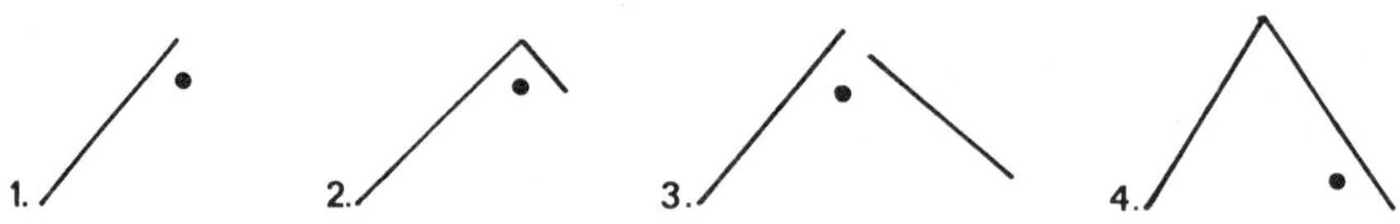

3. Une définition plus détaillée sera donnée au chapitre 6.

Par ce choix de contre-exemples, chaque attribut essentiel se trouve souligné. Par le jeu du contraste on oriente la perception de l'apprenant, on l'aide à voir ce qui est important pour l'apprentissage en cours. Lui ne sait pas où diriger son regard, et il est possible qu'il voie tout à fait autre chose que ce que l'enseignant avait prévu, souvent à l'étonnement de ce dernier. Ce qui est clair et « visible » par celui qui sait, ne l'est pas nécessairement pour le non-initié. Il ne sait pas ce qu'il faut chercher. A nous de guider son regard. Le choix approprié de contre-exemples est une façon de le faire.

La progression des exemples

L'ordre des exemples, positifs ou négatifs, n'est pas neutre non plus : s'il est avantageux de simplifier les premiers exemples positifs, c'est-à-dire d'y exposer les attributs essentiels sans trop les noyer, on gagne à les « brouiller » au fur et à mesure qu'on avance. Est-ce que l'élève reconnaît toujours la combinaison des attributs malgré les « bruits parasites »? La difficulté progressive va stimuler sa recherche, chaque « obstacle nouveau » va lui demander un effort pour retrouver le sens.

Pour donner à l'élève des points de repère supplémentaires dans cette recherche, on peut agir également par l'ordre des exemples négatifs en inversant le principe « entonnoir » des exemples positifs. Au début on est loin de la vérité, ensuite on s'approche de plus en plus selon la progression suivante :

- commencer avec un ou quelques exemples négatifs qui ne contiennent *aucun* attribut du concept et en informer l'élève;
- ensuite, présenter plusieurs exemples négatifs et prévenir qu'on peut y retrouver un ou deux attributs du concept, mais jamais tous à la fois. Les choisir de telle façon qu'on confirme chaque attribut essentiel, l'un après l'autre, *par son contraire.* Être à l'écoute pour les présenter au moment approprié;
- finalement, quand la situation est mûre, présenter des exemples négatifs qui sont très proches des exemples positifs.

On arrive à la situation où le dernier exemple positif est très proche du dernier exemple négatif. Un seul attribut peut les différencier. C'est maintenant qu'on va pouvoir jouer sur les subtilités : pourquoi ce dernier exemple négatif ne peut-il pas se ranger parmi les exemples positifs? Quelle est la raison pour laquelle il est classé comme contre-exemple et non comme exemple du concept? Peut-on le modifier pour qu'il devienne un exemple positif? Comment? La difficulté, recherchée, va de nouveau engager l'élève à préciser le concept.

Voici un exemple de grammaire, où cette subtilité ressort clairement :

Le concept « complément d'objet direct »

Exemple positif	*Contre-exemple*
Huit jours plus tard, Alice a reçu *la lettre* qu'elle attendait tant.	Huit jours plus tard arrivait *la lettre* qu'Alice attendait tant.

Ce va-et-vient entre les exemples et les contre-exemples exerce l'œil, c'est-à-dire le cerveau, à traiter l'information avec une grande rigueur. L'enseignant peut amener l'apprenant à accéder à un haut degré de discrimination par le choix et l'ordre des exemples. Il s'agit d'entraîner la perception analytique. On est loin du processus stimulus-réponse.

Le rôle de la progression des exemples
Un autre avantage d'une telle progression est qu'elle permet de faire acquérir des concepts dont la définition prête à discussion ou varie selon les personnes (ce qui est le cas de beaucoup de concepts qui comportent des attributs subjectifs, par exemple « la liberté », « la beauté », « la justice »). Il suffit de faire remarquer que les derniers contre-exemples sont considérés comme positifs par certains et négatifs par d'autres et de voir pourquoi. Ce n'est pas une perte de temps que de laisser les élèves échanger leurs points de vue à ce sujet et de prendre ainsi conscience de la relativité des choses. C'est alors l'argumentation qui compte.

Une autre manière de procéder consiste à présenter du côté « OUI » des exemples d'*un* concept et de l'autre côté uniquement des exemples (positifs) d'un *autre* concept. De cette façon, on travaille deux concepts en opposition. C'est très efficace, surtout avec des concepts souvent confondus, comme par exemple « nature » et « fonction » ou « masse » et « poids ».

Il n'est pas possible de définir un concept – scientifique ou empirique – sans référence à d'autres. Un concept n'existe pas seul, mais toujours dans un réseau conceptuel. En élaborant un nouveau concept il est toujours important de le situer par rapport à d'autres faisant partie du même réseau. Ce va-et-vient entre, d'une part, différents exemples positifs d'un concept – qui pourraient également être exemples d'un concept différent – et, d'autre part, les contre-exemples, tous exemples d'autres concepts, permet bien de se référer constamment à tout un réseau de relations.

Il importe que l'élève situe la nouvelle acquisition au bon endroit dans sa structure cognitive pour pouvoir la réutiliser à bon escient. De la façon de stocker une nouvelle connaissance va dépendre la capacité de retrouver cette connaissance plus tard dans notre mémoire. Il est donc très important d'intégrer la nouvelle connaissance d'une manière significative dans un réseau d'analogies multiples la reliant aux connaissances existantes. On ne sait pas dans quel contexte on en aura besoin la prochaine fois.

Autre moyen de guidage : les questions élucidantes

La complexité des concepts réels et non construits pour une situation d'observation expérimentale – comme le WEZ – rend leur acquisition plus difficile.

Comment procéder pour guider les élèves s'il s'agit d'un concept dont les attributs ne sont pas observables? L'utilisation des contre-exemples, le choix ainsi que l'agencement des exemples sont des moyens de le faire, mais pas toujours suffisants. Souvent, les élèves ne voient qu'*un* aspect de la chose, et d'abord c'est ce qui « saute aux yeux », l'aspect observable.

Pour aller « au-delà de l'information donnée » il faut chercher, il faut se poser des questions. Mais encore faut-il penser aux questions qu'on pourrait se poser! L'élève ne sait pas toujours lesquelles, c'est alors à nous de les lui fournir. Ou mieux : faire en sorte qu'il arrive à se les poser. Ce sont les « questions élucidantes » de l'enseignant qui ont pour but de focaliser l'attention sur les attributs que l'apprenant ne distingue pas encore, soit parce que ceux-ci ne sont pas observables, soit parce qu'il ne les voit pas malgré leur présence.

Ces questions sont difficiles à formuler car il s'agit, au mieux, de suggérer une mise en relation, et non pas de poser une question qui contient la réponse : « Ne vois-tu pas...? »

Pour illustrer cette difficulté, observons un exemple concret qui m'a souvent frappée en formation des enseignants. Il s'agit d'acquérir le concept « objectif pédagogique ». Un de ses attributs est d'exprimer le « critère d'évaluation ». Dans une série d'exemples positifs on peut trouver les critères suivants : ...courir 2 000 m en *5 minutes*... orthographier *sans faute* ...souligner *tous* les adjectifs ...réciter un poème *sans erreur phonétique*. L'apprenant, même adulte, a du mal à cerner ce que des éléments aussi différents ont en commun. Ils voient le lien entre « faute » et « erreur », mais pas entre « 5 minutes » et « sans erreur ». Cette situation est très courante à tous les niveaux. Elle relève d'un manque de structuration des niveaux d'abstraction.

Une question du genre : « Y a-t-il dans chaque exemple quelque indication sur le niveau du résultat qu'on souhaite? », met immédiatement sur la piste car elle incite à examiner les quatre éléments par rapport

à un critère qui est à un niveau d'abstraction supérieur. On peut se demander si ce n'est pas tout aussi efficace de le dire directement et de donner un exemple ou deux. A court terme peut-être, mais à long terme la compréhension et la mémorisation sont plus grandes si l'apprenant a lui-même fait la relation. En outre il progresse dans le processus d'abstraction dans d'autres contextes s'il prend l'habitude de chercher à classer les éléments par rapport à une catégorie supérieure commune. C'est l'occasion de favoriser le transfert de processus.
Les questions élucidantes peuvent également viser le niveau cognitif : « Qu'est-ce que les exemples positifs ont d'autre en commun? » ou, « Est-ce qu'il y a autre chose qui est identique à chaque fois? ». Ce type de question amène l'apprenant à rechercher les attributs manquants. Ou bien : « Est-ce que tout ce qu'on a marqué au tableau reste valable? », ce qui vise une vérification des attributs retenus.

L'apprentissage d'un concept ne devrait pas seulement concerner un contenu donné, mais aussi la compétence intellectuelle de conceptualiser en général. Il faudrait donc déjà que chaque apprentissage d'un nouveau concept donne effectivement à l'élève l'occasion de conceptualiser pour qu'il en ait l'expérience. Plus on a affaire à un apprenant inexpérimenté par rapport au sujet – quel que soit son âge – plus il faudrait être prudent dans l'utilisation d'un exposé oral où l'apprenant risque vite de se perdre sans que l'enseignant s'en rende compte. « Avez-vous compris? » Que répondre quand on n'a pas compris ce qu'il fallait comprendre?
Les questions élucidantes – tout comme le choix des exemples – font partie du travail de préparation, important dans une démarche inductive, et se formulent à partir de chaque attribut retenu. C'est une autre façon d'organiser l'environnement « à l'avance » pour que l'apprenant puisse s'y retrouver. Les exemples et les questions aident l'élève dans les processus de discrimination et d'analyse. Il ne peut pas par la suite généraliser s'il n'a pas, dans un premier temps, accès à toute l'information nécessaire pour tirer des conclusions.
On peut constater qu'un mauvais choix d'exemples ou des questions mal formulées induisent l'élève en erreur et l'empêchent de trouver les attributs. Ce ne sont pas les capacités intellectuelles de l'élève qui sont insuffisantes mais la matière première qu'on lui a fournie pour les mettre en œuvre.

L'importance de la définition
Cette discussion nous montre bien l'importance d'une autre tâche de préparation : le choix des attributs par lesquels on décide de définir un concept, pour un public donné. Si cette définition n'a pas été clairement établie à l'avance, il est impossible de choisir des exemples cohérents ou de poser des questions qui mettent sur la piste. On ne peut pas systématiquement faire rechercher des attributs qui ne sont pas définis avec précision. Cette tâche est souvent négligée ou en tout cas pas explicitée. Bien des confusions chez l'élève seraient évitées si la définition était sans ambiguïté et structurée avec précision. Il faut rendre le contenu transmissible.
Cela nous amène à nous poser la question de ce qui caractérise une bonne définition. Neil Postman [4] suggère que la valeur d'une définition réside dans son utilité et non pas seulement dans son exactitude. Les définitions sont des instruments de la pensée. Cette idée rejoint celle de Bruner qui dit que les mots sont nos serviteurs et non vice versa. Une définition devrait en effet être opérationnelle.
Les définitions surchargées d'éléments inessentiels ne nous sont pas très utiles. La définition qui consiste en un synonyme ou qui donne un concept supérieur (le carré est un polygone) ne nous aide pas beaucoup non plus. Définir en donnant des exemples sans les justifier comporte des risques. Bien que l'exemple soit nécessaire à l'abstraction, il ne remplace pas la définition. Goblot [5] confirme bien ceci : « L'exemple n'est pas une définition, et c'est une faute tout à fait élémentaire de logique que de vouloir définir par des exemples. C'est tenter d'épuiser l'infini. » La définition utile nous donne une « grille » qui permet de situer les attributs essentiels dans leur hiérarchie [6].

Le climat affectif
Le climat affectif qui règne pendant l'apprentissage joue également un rôle positif ou négatif. Si on n'encourage pas, dans un premier temps, une recherche libre, en recevant toutes les réponses et questions comme elles viennent, sans jugement, l'enfant va vite se méfier et uniquement chercher la « bonne » réponse. Au lieu d'exercer, dans un premier temps, une pensée divergente, recherchant plusieurs possibilités, il va s'habituer à uniquement recourir à une pensée convergente, celle qui cherche la seule et unique réponse. C'est plus sûr. Mais une première condition de la découverte, même guidée, est la possibilité d'explorer, sans être pénalisé pour les erreurs...

4. *Enseigner, c'est résister*, Le Centurion, Paris, 1979.
5. *Traité de logique*, p. 105.
6. Pour l'élaboration d'une définition voir schéma p. 46, pour des exemples voir p. 67 et 85.

Bruner souligne que la curiosité intellectuelle est une motivation suffisante pour les élèves, à condition de leur donner l'occasion de penser par eux-mêmes. Le plaisir de la découverte est possible pour tout le monde.
On peut remarquer combien cette conception de l'appropriation du savoir (pensée divergente, droit à l'erreur, climat affectif) est différente des propositions de l'enseignement programmé (pensée convergente, découpage, bonne réponse) pour la formation intellectuelle et affective de l'individu.

Autres problèmes pédagogiques

Le choix du vocabulaire
D'autres problèmes surgissent pendant cette première phase. Il y a la question du vocabulaire. Faut-il laisser les élèves utiliser un vocabulaire qui ne correspond pas aux termes corrects pendant la phase de l'exploration?
Il me paraît préférable de ne pas exiger certains termes avant que l'enfant ne sache ce qu'ils représentent. Si un enfant ne connaît pas assez bien le terme « bissectrice » (comme dans l'exemple du WEZ), autant le laisser dire « sur la ligne de pliage », si cela suffit pour l'apprentissage en cours. Je pense à ce petit garçon qui a découvert que la différence entre un carré (exemple positif) et un losange (contre-exemple) réside dans le fait que « si on fait une croix à l'intérieur, les lignes sont de la même longueur dans les OUI, et pas dans les NON ». Cette explication, qui correspond à sa représentation à un moment donné, vaut mieux pour lui, de façon provisoire, qu'une définition incompréhensible. (Quitte à partir de cette « découverte » pour aller plus loin par la suite.) Il se fait une représentation visuelle qu'il essaie de traduire avec le langage qu'il possède. Cette image lui permet déjà de comprendre que l'orientation de la figure ne joue pas, erreur très souvent commise par rapport au losange. Cet exemple montre bien comment les mots explicitent l'image : la langue est un médiateur pour atteindre l'abstraction.

Cela ne veut pas dire qu'il ne faut pas exiger la dénomination correcte à un moment donné, mais cela montre qu'il y a un niveau d'acquisition qui précède l'abstraction et qu'il faut respecter. Si les « leçons de vocabulaire » causent tant de difficultés, n'est-ce pas qu'on traite « le vocabulaire » comme des étiquettes à mémoriser et non comme des concepts à construire? Cela rejoint le problème suivant.

L'étiquette

Il arrive qu'un élève donne la « bonne réponse », c'est-à-dire l'étiquette du concept, dès le premier exemple. Il est alors important d'accepter cette réponse, mais en demandant des précisions : « " La démocratie ", oui, je note, qu'est-ce que tu veux dire par là ? » Il s'avère invariablement que le mot, à ce moment-là, ne recouvre qu'un attribut ou deux (ou pire : des attributs non essentiels, comme le rectangle bleu), et qu'il n'y a pas lieu de s'arrêter parce que la « bonne » réponse a été donnée. Il y a là un travail de déconditionnement à faire. L'élève qui au début a donné la dénomination, sans toutefois avoir pu la justifier, se sent presque incompris au moment où l'étiquette est effectivement donnée : « Mais c'est ce que j'avais dit tout de suite. » Il faut que l'élève aussi comprenne que le fait d'associer une réponse à un des exemples positifs (et non pas à *tous*) n'est pas suffisant.

L'étiquette doit évoquer les attributs et les attributs doivent être associés à une étiquette. Le mot, sans connaissance véritable de son sens, est limité dans son utilisation. Il peut seulement fonctionner comme association verbale entre le mot et quelques exemples connus.

Introduction de l'étiquette

Comment déterminer à quel moment il faut introduire l'étiquette? Il n'y a pas de réponse absolue.

S'il s'agit d'un mot inconnu on peut attendre la fin de la deuxième phase avant de nommer le mot pour inciter les élèves à chercher le sens plutôt que de s'inquiéter de la non-compréhension de ce mot nouveau.

Si les élèves connaissent déjà le mot et ont compris la fonction de l'étiquette il n'y a pas d'inconvénient à s'en servir dès qu'il a été nommé. Si nécessaire rappeler que la fonction de l'étiquette est de rassembler toutes les caractéristiques essentielles sous une forme condensée : le mot ou le signifiant.

Le facteur temps

Le facteur temps est également important. On ne donne pas toujours le temps nécessaire à la réflexion sans en être conscient soi-même. Celui qui a déjà appris trouve que c'est simple et évident et que l'apprenant ne répond pas assez vite. On l'incite alors à répondre sans réfléchir.

Une expérience aux États-Unis [7] a montré que les enseignants, après avoir posé une question, n'attendent en moyenne qu'une seconde avant de briser le silence d'une manière ou d'une autre. S'ils attendent au

7. Rowe M.B., *Teaching Science as continuous inquiry*, A Basic McGraw-Hill Book Company, 1978.

contraire quelques secondes, les élèves posent des questions beaucoup plus pertinentes.
Cette expérience montre l'importance de donner un « temps de délai » *(wait-time)* après une question. Si on augmente ce temps de pause, et si on y ajoute une deuxième pause après la réponse de l'élève, celui-ci améliore et explicite sa première réponse.

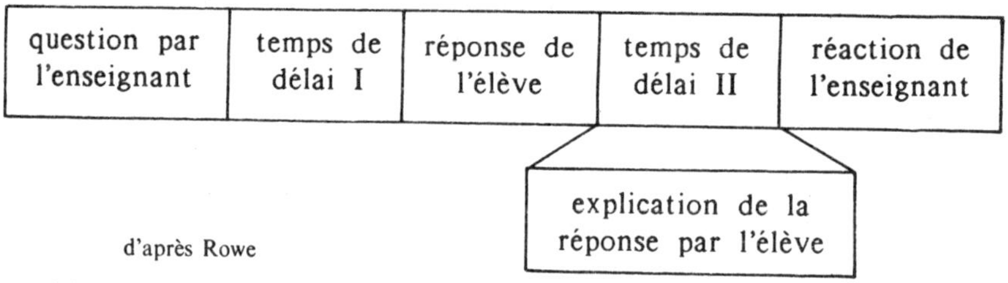

d'après Rowe

Problème de rythme
Il est bien connu que certains élèves découvrent plus vite que d'autres. Ils répondent alors les premiers à toutes les questions et limitent la participation des autres. Chez eux la nouvelle information est plus facilement rattachée à la structure cognitive existante, ça « rentre » sans ajustement, les connaissances antérieures permettent d'intérioriser les nouvelles. Chez d'autres, bien qu'ayant eu la même information, il y a une difficulté. Avant de pouvoir relier la nouvelle information il faut réorganiser les connaissances existantes; selon les termes de Piaget, certains doivent accommoder avant de pouvoir assimiler; cela prend du temps.
Si une telle situation se présente, il vaut mieux séparer les élèves, prévoir une activité d'approfondissement pour ceux qui sont plus rapides et prendre le temps nécessaire pour les autres. Ou bien, si le nombre le permet, laisser les plus rapides participer à l'animation. Ils peuvent présenter leurs exemples et évaluer les justifications de leurs camarades.
Un autre moyen de gérer ce problème de rythme est de laisser les élèves étudier les exemples qu'on aura mis à leur disposition individuellement à la maison ou bien en petits groupes en classe. Cela permet plus de réflexion et prépare bien une mise en commun qui peut se poursuivre selon le schéma décrit. Bien entendu cette variante demande que les élèves soient déjà initiés à la démarche – ou à une autre – et connaissent les règles du jeu [8].
Quelles qu'elles soient, il faut trouver des solutions au problème que

8. Benjamin Bloom attire l'attention sur le facteur temps *time on the task* et montre que le temps nécessaire à chacun conditionne son apprentissage : *Caractéristiques individuelles et apprentissages scolaires*, Nathan, Paris, 1979, Labor Bruxelles.

posent les rythmes individuels en admettant que les élèves n'apprennent pas à la même vitesse.

A ce point de l'analyse, résumons la première phase de la situation d'apprentissage.
Il s'agit de multiplier les possibilités d'observer et d'explorer afin de permettre à l'élève de faire la différence entre attributs essentiels et non essentiels du concept et de situer ce dernier dans son réseau conceptuel. Chaque exemple amène l'élève à discriminer, à comparer, à inférer. L'enseignant guide l'élève dans sa démarche en suscitant ces activités intellectuelles par un support pédagogique approprié.
Si l'élève montre une préférence pour un certain type d'attributs, il semble possible de modifier cette préférence en attirant l'attention sur d'autres aspects, que ce soit par le choix des exemples ou par des « questions élucidantes ».
Les composantes psychologiques, inséparables de chaque situation d'apprentissage, ne sont pas moins importantes. Si la stratégie d'enseignement permet à l'élève de construire lui-même le concept avec succès, il sera motivé par l'action elle-même. L'aspect ludique d'une démarche inductive invite à la participation active et stimule la recherche d'une solution.
Le rôle de l'enseignant consiste à faciliter la conceptualisation, c'est-à-dire à guider l'élève dans la mise en relation pour qu'il puisse organiser et intérioriser la nouvelle information à partir de ce qu'il sait déjà.
Cette première phase est importante et peut durer dans le temps selon la complexité du concept. Elle prépare un premier niveau d'acquisition.

DEUXIÈME PHASE : REPRÉSENTATION MENTALE

Vérification

A un moment donné, il est clair que les élèves se sont fait une idée du concept à acquérir. L'enseignant a l'impression que les élèves « ont compris » et il est alors temps de le vérifier d'une manière plus rigoureuse, mais toujours en toute liberté et avec le droit à l'erreur. La deuxième phase permet à l'enseignant, comme à l'élève, d'évaluer le niveau de l'acquisition et de modifier la perception si nécessaire. C'est par interaction verbale que l'enseignant va se rendre compte si l'élève est capable, devant des exemples inconnus, de distinguer les exemples positifs des exemples négatifs et de justifier sa réponse. Il ne suffit pas d'associer deux exemples, c'est-à-dire de les reconnaître en tant qu'exemples positifs; il faut aussi savoir dire *pourquoi*, ce qui revient à nommer les caractéristiques essentielles. L'addition des caractéristiques essentielles est égale à une définition. Être capable de définir une classe implique de faire la différence entre caractéristiques essentielles et non essentielles, donc de reconnaître des exemples inconnus d'une catégorie et de pouvoir dire pourquoi ils sont des exemples de cette catégorie. Quand l'élève dit : « C'est un WEZ parce qu'on peut distinguer :

1. deux segments de droite,
2. de longueur égale,
3. qui se touchent par une de leurs extrémités,
4. avec un point situé sur la bissectrice »,

l'enseignant sait qu'il a conceptualisé. Par contre, quand l'élève dit devant un exemple positif : « Non, ce n'est pas un WEZ parce qu'il n'est pas orienté de la même façon », l'enseignant peut se rendre compte que l'élève fait là une confusion entre attributs essentiels et non essentiels. Il a tiré la fausse conclusion que l'orientation faisait partie des attributs essentiels; par interaction avec les autres élèves, il a pu tester sa réponse et la corriger.

Il est évidemment important que cette vérification se fasse avec des exemples *nouveaux*. Si les exemples de la deuxième phase ressemblent trop à ceux de la première, on va uniquement vérifier la mémorisation d'un exemple déjà vu. Plus on présente des exemples variés, intrigants, mieux on vérifie la conceptualisation. On entend souvent les élèves se plaindre parce qu'ils se trouvent, le jour du contrôle, devant des exemples jamais rencontrés. Ceci est bien entendu tout à fait normal (sinon il s'agit d'une reproduction) à condition toutefois qu'on ait effectivement donné l'occasion à l'élève de posséder « la grille » qui permet l'identification des exemples inconnus. Si ce n'est pas le cas, les plaintes des élèves sont justifiées et il faut revoir la cohérence entre la stratégie d'enseignement et le mode d'évaluation.

Interaction verbale : le conflit cognitif

Bruner souligne l'importance de l'interaction verbale et le rôle clef du langage. Pendant cette deuxième phase, ce n'est pas du temps perdu que d'encourager les élèves à discuter, à écouter les arguments des autres, à confronter les idées. Elle prépare la dernière phase, l'abstraction, où on doit pouvoir exprimer, décrire sa pensée. Si on ne peut pas « codifier » ses représentations, ses idées, on ne peut pas les analyser ou les communiquer. Pour Bruner, la langue est un médiateur, un outil, pour accéder à un mode de pensée abstraite.

Quand deux avis opposés sont confrontés, l'élève peut porter un jugement critique. Qui a raison? Pour quelle raison? Où est la preuve? Quel indice permet de tenir un tel propos? Est-il possible d'accepter deux réponses différentes? Les justifications sont-elles valables? Un « conflit » de ce genre, preuve à l'appui, apporte bien plus que la définition correcte donnée par l'enseignant au départ. Il permet à celui qui se trompait dans son raisonnement de comprendre pourquoi et de l'ajuster à temps.
Il est donc important que les élèves sachent préciser leur pensée; un exercice peut consister à demander aux uns de reformuler ce qu'ont dit les autres. C'est un bon entraînement qui force à s'exprimer avec un maximum de précision et qui révèle que souvent ce n'est pas le cas. « Je ne sais exactement ce que j'ai dit qu'après avoir entendu la réponse à ce que j'ai dit [9]. »

Un échange verbal de ce genre qui suit une observation-exploration permet souvent de se rendre compte qu'on connaissait certes un certain nombre d'éléments, mais qu'on n'y avait pas pensé sous cette forme-là. En prenant conscience de cette organisation possible des éléments dissociés qu'on connaissait déjà, on peut soudainement y intégrer la nouvelle information. Quand un élève me dit « Ah! mais ça je le savais déjà! », c'est un signe que maintenant il a effectivement *organisé* ce « qu'il savait déjà ». Car de mon côté, je savais qu'avant, il n'était pas capable de le communiquer. Soudain, il sait. La mise en relation s'est faite, le concept est intégré dans son réseau. Ce sont ces moments-là que nos stratégies, quelles qu'elles soient, doivent chercher à atteindre.

Validation des réponses

Si la deuxième phase permet aux élèves de vérifier et de rectifier leurs hypothèses, Bruner rappelle l'importance de les valider immédiatement. Il ne s'agit pas de dire le lendemain, ou pire, dans les quinze jours, si c'était juste. On a besoin de cette information immédiatement pour conforter et fixer l'apprentissage. Il ne faut donc pas confondre l'évaluation formative – qui sert à informer sur l'apprentissage en cours de route – et l'évaluation sommative – qui sert traditionnellement à classer les élèves. Quelque part, pendant l'apprentissage, l'élève a besoin de savoir où il en est, sans être pénalisé si, à ce moment-là, il se trompe.

S'il a été souligné, tout au long de cette analyse, que l'élève a le droit, dans un premier temps, de se tromper, c'est justement que l'erreur, quand on en est informé, est très utile à l'apprentissage. Il serait vraiment dommage que l'enseignant se prive de cet excellent moyen pour d'abord comprendre pourquoi l'élève se trompe et ensuite montrer à l'élève

9. Wiener N., *The human use of human beings, Cybernetics and Society*, Avon Books, 1967.

comment modifier son raisonnement pour éviter l'erreur. Une erreur dont on a pris conscience est très utile et source de progrès.
Par contre, si trop d'élèves se trompent ou ne savent pas justifier leurs réponses, c'est qu'on est passé trop vite à la deuxième phase, qu'il faut revenir en arrière et recommencer ce processus d'induction à partir d'autres exemples.
La deuxième phase de la démarche, consacrée à s'informer sur le niveau d'acquisition de l'apprentissage, va décider s'il faut revenir en arrière ou aller plus avant. Cela peut se faire par des moyens d'évaluation ou d'autoévaluation simples qui n'entraînent pas des corrections supplémentaires.

« Dans " ma classe " dans une " high-school " [10], aux États-Unis (140 élèves par jour en enseignement individualisé, 3 enseignants), le " coin évaluation " était le plus populaire. Là, les élèves avaient le droit de vérifier s'ils étaient " prêts " avant de se soumettre au contrôle final noté. Si on diagnostiquait quelque lacune, l'enseignant était là pour y remédier avec l'élève, dans le but commun de réussir le contrôle final. C'était très sécurisant pour l'élève et lui permettait de faire l'effort là où c'était nécessaire, en connaissance de cause. Il n'y avait jamais de problème de discipline malgré un grand nombre d'élèves présents en même temps, les élèves semblaient motivés parce qu'ils connaissaient l'objectif de leur travail et savaient que le rôle de l'enseignant était de les aider à y arriver au mieux. J'ai été très impressionnée par l'ambiance agréable de coopération et de confiance qui y régnait. Les jeunes Français qui y arrivaient en " échange scolaire " l'étaient aussi. »

Problèmes de dosage de la directivité

Un dernier point mérite un moment de réflexion avant de passer à la troisième phase, celui du dosage de la directivité. Il s'agit bien d'une découverte guidée – mais où est la limite entre un guidage proche de la « manipulation » et un guidage si léger qu'il ressemble à la découverte pure? Et qu'est-ce qui est le plus avantageux? Il n'y a pas de réponse absolue, le degré de directivité dépend à mon avis essentiellement de deux choses : le niveau de connaissance de l'élève au départ et l'objectif visé.

Le niveau de connaissance

S'il s'agit d'un apprentissage qui n'est pas entièrement nouveau, où les élèves reconnaissent déjà bien les données, ils ont plutôt besoin de revoir

10. L'auteur a enseigné à Briarcliff High School, Briarcliff Manor, New York, 1975-1976 (Classes de 6e à la 12e année).

la structure de ces données. Il peut alors être approprié, à partir des exemples et des contre-exemples toujours présents, de rappeler oralement les interrelations, après avoir donné un temps aux élèves pour identifier les attributs. En tant que « structuration des données connues » le message est transmis plus rapidement que dans le cas d'un apprentissage entièrement nouveau. Cela dit, il serait trop tôt pour le transmettre sous forme d'exposé. L'induction, même très dirigée, n'a rien de commun avec un exposé. Elle permet à l'élève, malgré un haut degré de directivité, de mettre en relation et de structurer les éléments à apprendre. Sous la forme d'un cours « magistral », l'élève risque d'entendre ces éléments sans saisir leurs interrelations et c'était justement elles qui lui manquaient. On reviendrait à la situation d'avoir tout compris sauf ce dont il était question.
Un exposé est un excellent moyen – une fois que l'élève a bien compris, une fois qu'il a découvert la combinaison, la structure, des éléments à apprendre – de renforcer ce nouvel apprentissage pour qu'il soit mémorisé à long terme. Mais cette mémorisation ne peut être valable qu'*après* l'apprentissage, et ceci est d'autant plus vrai que l'apprenant a peu de connaissances sur le sujet – quel que soit son âge.

Si par contre il s'agit de l'apprentissage d'un concept dont les attributs sont moins connus, il faudrait éventuellement, après vérification, commencer par enseigner les attributs de ce concept en tant que catégories, concepts, eux-mêmes. Prenons l'exemple du concept « pays ». Les enfants qui ne connaissent pas déjà les concepts de territoire, chef d'État, unité monétaire, citoyen, etc., ne pourront pas, en même temps, apprendre ces concepts *plus* leur combinaison avec d'autres, déjà connus, comme langue, capitale, etc., pour acquérir le concept « pays ». Souvent ils connaissent des exemples des concepts qui forment les attributs du nouveau concept. Ils savent peut-être qu'il faut un passeport pour aller dans un autre pays ou qu'on paye avec une monnaie différente. Mais s'ils confondent les exemples des *attributs* du concept à apprendre avec les exemples de ce *concept*, ils confondent différents niveaux d'abstraction et ne pourront pas arriver à une généralisation. Autrement dit, ils confondent des membres d'une sous-catégorie avec les membres d'une catégorie supérieure [11].

C'est la responsabilité de l'enseignant de veiller à ce que cette organisation du contenu – et donc l'organisation de la structure cognitive – se fasse correctement. Un franc est un exemple d'une unité monétaire

11. Cette difficulté rejoint le problème de niveau d'abstraction discuté dans le chapitre 2. Ma pratique pédagogique confirme plutôt les hypothèses de Rosch qui suggèrent qu'il faut aborder un concept par son « niveau de base » : le niveau le plus inclusif qui permet de se représenter concrètement le concept.

qui à son tour est un attribut du concept pays, dans ce cas précis. (Unité monétaire peut aussi, dans un autre cas, être attribut d'un autre concept, par exemple « prix ».) Mais un franc n'est pas l'exemple d'un pays. C'est une question d'organisation du contenu par niveaux d'abstraction. Quand tous ces éléments seront réorganisés par l'enfant, il aura appris (cf. schéma page suivante).

Une situation complexe comme celle-ci, où il faut bien distinguer les relations qui donnent le sens au concept, demande un haut degré de directivité et une bonne structuration du contenu de la part de l'enseignant. C'est au moment de la définition du contenu qu'il faut déterminer cette hiérarchie et la limitation nécessaire en fonction du public.

L'objectif visé

Le deuxième facteur, l'objectif visé, détermine également le degré de directivité. Dans la mesure où il n'y a pas un contenu précis à acquérir, mais où l'on se donne comme tâche d'entraîner les opérations cognitives, la démarche peut être moins directive. *Ce* que les élèves découvrent est moins important que la *manière* dont ils le découvrent. C'est la cohérence de leur raisonnement qui constitue l'objectif premier.

Il ne faut cependant pas perdre de vue que dans la mesure où il s'agit d'une transmission de connaissances, il y a toujours un objectif à atteindre – qu'il faut avoir précisé – et donc toujours un certain niveau de directivité. L'élève n'est pas supposé déjà maîtriser l'objectif visé, c'est à l'enseignant de guider et d'évaluer l'acquisition de ses connaissances.

Avant de procéder à la vérification finale et individuelle de l'acquisition, un résumé construit avec l'apprenant ou une lecture appropriée aideront à fixer le nouvel acquis et à le généraliser. Le résumé doit non seulement souligner les constantes, les caractéristiques, que l'élève est censé généraliser, mais aussi resituer ce contenu dans son réseau conceptuel. La mémorisation des constantes est facilitée si celles-ci sont présentées dans une structure où chaque attribut est bien dégagé, que ce soit oralement ou par un schéma. Les deux valent mieux.

Arrivé à ce niveau d'acquisition, l'élève peut intégrer la nouvelle information; maintenant il peut entendre un vocabulaire précis et rigoureux, car les mots ne sont pas vides du sens qui les sous-tend. L'exposé vient donc après « la découverte » et renforce celle-ci.

La deuxième phase permet de vérifier la compréhension au moment où l'élève est en train de construire le concept; s'il s'est trompé on peut lui fournir l'information nécessaire pour qu'il rectifie lui-même la règle qu'il est en train de bâtir. Ce procédé est très différent de la « correction

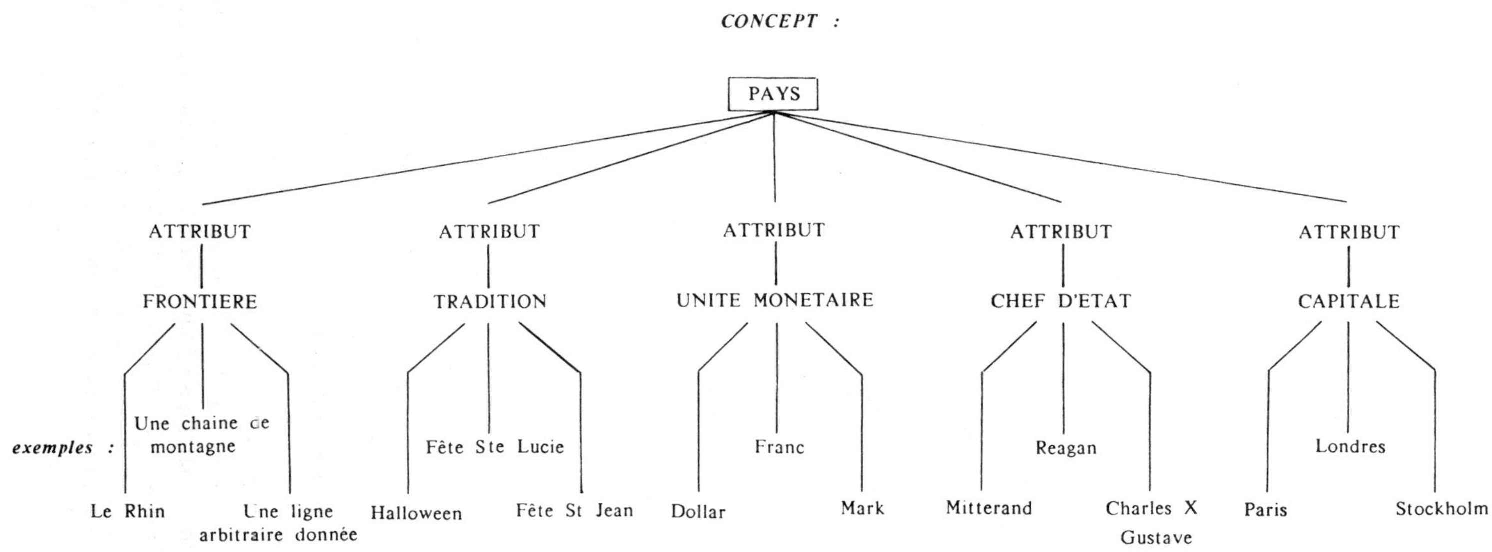
CONCEPT :
PAYS
ATTRIBUT
FRONTIERE
ATTRIBUT
TRADITION
ATTRIBUT
UNITE MONETAIRE
ATTRIBUT
CHEF D'ETAT
ATTRIBUT
CAPITALE
exemples :
Le Rhin
Une chaine de montagne
Une ligne arbitraire donnée
Halloween
Fête Ste Lucie
Fête St Jean
Dollar
Franc
Mark
Mitterand
Reagan
Charles X Gustave
Paris
Londres
Stockholm

des fautes » : la rectification « à chaud » lui évitera des « désapprentissages » difficiles par la suite.

TROISIÈME PHASE : ABSTRACTION

La troisième phase cherche à vérifier si l'apprentissage est effectivement complet et si la nouvelle acquisition est transférable dans un autre contexte. Cette évaluation finale peut se faire directement après l'apprentissage, mais si on veut évaluer un effet à long terme, il vaut mieux attendre ou recommencer après un certain temps.

Critères d'évaluation

L'évaluation finale doit se faire individuellement pour que chaque élève puisse vérifier s'il a acquis le concept en question. Il doit être capable de :

1. distinguer entre exemples positifs et négatifs, jamais rencontrés auparavant, de ce concept;
2. justifier cette distinction, ce qui revient à nommer tous les attributs essentiels du concept (= définition);
3. nommer le concept et associer la dénomination (l'étiquette) avec les attributs de ce concept.

L'évaluation se fait donc aux *trois niveaux d'acquisition* et nous retrouvons ici les trois éléments de la définition initiale d'un concept :

exemples..	extension
attributs..	compréhension
étiquette..	idée générale abstraite

Il est important d'évaluer une conceptualisation par rapport aux trois niveaux qui structurent le concept. On évalue donc à la fois la structure de la connaissance, le contenu qui s'insère dans cette structure et le niveau cognitif qui est l'abstraction.

Si l'on veut vérifier une application ou un transfert, l'élève doit être capable de :

4. générer ses propres exemples du concept et les justifier;
5. localiser des exemples dans un autre contexte ou utiliser le concept dans un autre contexte.

Le quatrième point peut être considéré comme une vérification du transfert dans la mesure où les exemples donnés sont très différents des exemples proposés par l'enseignant, ou choisis dans un autre contexte; sinon, c'est plutôt une vérification de l'acquisition.

L'élève qui a généré l'exemple suivant —●— du concept WEZ a davantage fait preuve de transfert que l'élève qui a construit un WEZ plus « classique » bien que correct. Il faut encourager l'élève à chercher des exemples éloignés ou à trouver des problématiques nouvelles afin de l'entraîner à faire le lien entre celles-ci et la nouvelle acquisition. Ceci devrait se faire pendant l'évaluation formative et non pas seulement au cours de l'évaluation finale notée, au moment où il est « trop tard » pour se corriger.

Il n'est pas sûr que tous les élèves aboutissent nécessairement à un transfert – ou même à une conceptualisation – parce qu'on applique une démarche inductive en classe. Certains vont sans doute rester au niveau de la reproduction. Il faudrait essayer de comprendre ce qui se passe, observer et écouter les élèves, et s'efforcer de créer des occasions de réutilisation d'un apprentissage – sinon on ne peut pas vérifier si un transfert a eu lieu.

Niveau d'acquisition

Quelle que soit la démarche pédagogique choisie par l'enseignant, il importe que l'outil d'évaluation mesure réellement le niveau d'acquisition atteint. On peut constater qu'il y a souvent incohérence entre l'objectif, la stratégie d'enseignement et l'évaluation. Parfois on évalue un niveau d'acquisition beaucoup moins élevé que celui prévu par l'objectif et que le travail effectivement fait en classe. Par exemple on demande de reconnaître (souligner dans un texte, dire ce qui s'est passé dans une lecture) ou d'associer verbalement des exemples avec la bonne réponse, en se contentant de cette « bonne réponse », sans vérifier sa justification ou aller plus loin dans le raisonnement. Dans ce cas-là on ne mesure le résultat qu'au niveau de la mémorisation.

Plus souvent on mesure l'acquisition au niveau de la conceptualisation sans avoir donné la possibilité aux élèves d'en arriver là par l'enseignement donné. Si les élèves ont eu simplement un « cours » sur un sujet, même avec la communication des définitions, ils ne sont pas préparés par cet enseignement à aller au-delà de la reproduction du contenu donné. C'est même plus grave que cela : si les élèves sont habitués à travailler en classe à un niveau de stimulus-réponse ou à un niveau d'association verbale (sans avoir l'occasion de mettre en œuvre un raisonnement argumenté) c'est cela qu'ils vont apprendre (on apprend ce qu'on fait), à défaut d'autre chose. Il ne faut donc pas s'étonner si les élèves n'arrivent pas à dépasser ce niveau quand on leur demande « d'approfondir » ou de faire un « travail personnel » sans même leur avoir donné une explication sur les méthodes de travail qu'il faudrait

alors adopter. Bon nombre d'élèves, en particulier au collège, sont ainsi voués à l'échec; toujours les mêmes [12].
Une évaluation objective nécessite évidemment que l'objectif ait été énoncé auparavant dans les termes du résultat observable de l'élève, au niveau cognitif voulu. Sinon, comment parler de « baisse de niveau »?

Ce chapitre a voulu éclairer ce qui se passe, concrètement, dans une situation d'apprentissage qui vise l'acquisition des connaissances au niveau de l'abstraction et de la généralisation. Il a voulu montrer la complexité de la chose, les difficultés réelles qui se posent à l'élève comme au professeur, mais aussi comment on peut essayer d'y remédier.
Avant de décrire les opérations mentales mises en œuvre par ce modèle pédagogique, nous allons voir un deuxième exemple de situation d'apprentissage, cette fois-ci à partir d'un contenu « réel », l'apprentissage d'une notion de grammaire.

12. Stella Baruk, chercheuse au CNRS, auteur de *Échec et maths* et *L'âge du capitaine* (Seuil), soulève bien ce problème « d'égalité devant les malchances » selon ses termes.

Chapitre 5

L'apprentissage du concept « attribut du sujet »

le modèle pédagogique appliqué à un concept scolaire

Le modèle pédagogique que nous avons observé à travers l'exemple du WEZ peut être transposé à tout contenu ayant la structure d'un concept quel que soit son niveau de complexité. Un deuxième exemple montrera le même modèle utilisé cette fois-ci pour initier une classe de CM2 au concept « l'attribut du sujet ».

Pour faciliter le repérage des étapes dont l'analyse a été faite dans le chapitre précédent, un résumé est joint sous forme de tableau qui permet de suivre la progression aux quatre niveaux : la structuration de la leçon, l'action de l'enseignant, les actions et les opérations mentales des élèves.
Ce tableau est présenté en quatre colonnes.
La première colonne montre la progression générale de la leçon. Celle-ci respecte la hiérarchie des modes de représentation de la connaissance selon Bruner :

1. observation-exploration = le « mode enactif [1] » (sensori-moteur)
2. représentation mentale = le « mode iconique » (visuel)
3. abstraction = le « mode symbolique »

La deuxième colonne qui relève les actions de l'enseignant montre le type de questions qu'il peut poser dans le but d'induire un certain niveau cognitif chez l'élève.

1. Termes propres à Bruner. Une définition plus détaillée sera donnée au chapitre 6.

STRATÉGIE D'ENSEIGNEMENT « ACQUISITION D'UN CONCEPT » (schéma résumant le modèle)

PHASE 1 (Bruner : mode enactif) Élève :			
OBSERVATION-EXPLORATION	*ACTIONS DE L'ENSEIGNANT* *QUESTIONS ÉLUCIDANTES*	*ACTIONS INDUITES CHEZ L'ÉLÈVE*	*OPÉRATIONS MENTALES INDUITES CHEZ L'ÉLÈVE*
Enseignant : structuration – donner les règles du jeu – présenter les exemples – faire la liste des attributs proposés au fur et à mesure – tenir la liste à jour – feed-back neutre – revoir et vérifier les attributs valides	– décrivez ce que vous avez vu, lu, entendu... – reformulez – qu'est-ce que les exemples positifs ont d'autre en commun ? – à quoi ça sert ? – d'où cela vient-il ? – comparez les exemples positifs et négatifs, quels contrastes vous frappent ? – quelles caractéristiques sont toujours valables ?	– rechercher des attributs – clarifier, expliciter – rechercher des attributs manquants – porter l'attention sur certains aspects – identifier les contrastes – identifier les similarités	– percevoir – donner une signification aux sensations – discriminer – comparer – contraster – relier une observation à une autre – inférer – vérifier l'inférence – abstraire
PHASE 2 (Bruner : mode iconique) Élève :			
REPRÉSENTATION MENTALE			
Enseignant : vérification des niveaux d'acquisition	– est-ce que cet exemple est un « OUI » ou un « NON » – pourquoi ?	– identifier les attributs essentiels – montrer des relations – formuler une justification	– faire des hypothèses – vérifier des hypothèses – définir
PHASE 3 (Bruner : mode symbolique) Élève :			
ABSTRACTION, GÉNÉRALISATION			
Enseignant : évaluation finale ; évaluation du transfert	– inventez un exemple « OUI » – pourquoi est-ce un « OUI » ? – trouvez un exemple très différent – localisez un exemple positif dans un autre contexte	– générer des exemples – formuler une justification – générer des exemples dans un autre contexte – identifier des exemples dans un autre contexte	– généraliser, conceptualiser – opérer un transfert

La troisième colonne montre la correspondance entre ces questions et l'action observable rercherchée chez l'élève.
La quatrième colonne nomme les opérations mentales qui correspondent à ces actions observables. Ce « modèle cognitif » sera explicité dans le chapitre suivant.
Il sera utile de consulter ce tableau au commencement du développement qu'on lira par la suite.

UNE SITUATION D'APPRENTISSAGE

Phase 1 : observation, exploration

Enseignant :
Aujourd'hui, nous nous retrouvons pour une leçon de grammaire avec une démarche que vous connaissez déjà bien. Il s'agit de rechercher ce qui est spécifique pour un concept nouveau de grammaire. Je vous rappelle les règles du jeu : je vais vous donner des exemples du concept qu'il faut essayer de retrouver; deux sortes d'exemples : les exemples positifs et les exemples négatifs, ou les contre-exemples. Les exemples positifs, on les appellera exemples « OUI », contiennent à **chaque** fois **toutes** les caractéristiques, tout ce qui est spécifique de ce concept. Toutes les caractéristiques sont présentes à chaque fois. Le premier contre-exemple, on l'appellera exemple « NON », ne contient **aucune** caractéristique du concept. Les autres exemples « NON » qui suivent peuvent contenir une ou deux caractéristiques du concept, **mais jamais toutes à la fois.** Est-ce que tout le monde se souvient des règles du jeu? Bien. Votre tâche consiste donc à observer tous les exemples « OUI » pour trouver ce qu'ils ont en commun à chaque fois. Qu'est-ce qu'ils ont de spécifique, quelle combinaison de caractéristiques revient à chaque fois? **Il faut chercher les constantes.** Les exemples « NON » sont là pour vous mettre sur la piste, ils vous montrent ce que le concept **n'est pas** et cela peut vous aider à tirer vos conclusions. Mais attention, parfois on peut retrouver certaines

objectif, problématique consignes méthodologiques

définition de la tâche

caractéristiques du concept aussi dans l'exemple « NON », mais jamais toutes à la fois.
Quand je vous aurai donné les premiers exemples, je vous demande d'abord de prendre un temps de réflexion pour voir si vous avez déjà des idées. Vous pouvez les proposer librement, je les noterai toutes, ici sur le tableau. Comme cela on peut les consulter au fur et à mesure pour voir si c'est toujours bon, sinon on barre. Donc ce n'est pas grave de se tromper, on peut rectifier par la suite. Questions?

pensée intuitive
représentations initiales

droit à l'erreur

autovérification possible

Bon, alors je vous donnerai tout de suite deux exemples « OUI » et un exemple « NON ». Je les dirai à haute voix et pendant que je les écris au tableau, vous pouvez réfléchir en silence.

Exemples positifs	Exemples négatifs
Louise est gentille	Elle a un sac
Isabelle est triste	

Apprenant : Ce sont des prénoms, Louise et Isabelle, ce sont des prénoms. — stratégie globale

E. D'accord, je note, autre chose?

A. C'est une personne.

A. Ce sont des filles. — stratégie globale

A. On dit ce qu'elle **est**. Dans l'exemple « NON », on dit ce qu'elle **a.** On ne sait pas comment elle est. — stratégie analytique

E. D'accord, je note. Je vous donne encore un exemple « NON ». Je le dis à haute voix et je l'écris ensuite : — feed-back neutre

Les enfants nagent

A. On dit ce qu'ils font.
Dans les « OUI » on dit ce qu'elles sont.

E. Je vous donne encore un exemple « OUI » et on va voir si cela se confirme. — rappel de la démarche

Pierre est gentil

A. C'est un « OUI »? — validation immédiate

E. Oui, c'est un « OUI ».

A. Alors on peut barrer « filles ».

E. Peux-tu expliquer pourquoi on peut barrer « filles »? A. Ce n'est pas important pour le concept. Ça peut être une fille ou un garçon, ça ne change rien.	question élucidante : différenciation entre attributs essentiels et non essentiels
E. Qu'est-ce qui prouve cela? A. Puisqu'ils sont des « OUI » tous les deux. Si Louise est gentille et Pierre est gentil sont tous les deux des exemples « OUI », c'est que ce n'est pas important pour le concept si c'est une fille ou un garçon.	Q.E. : incitation à la vérification
E. Est-ce que tout le monde est d'accord là-dessus?	
A. Oui, puisqu'il faut chercher ce qui est pareil.	prise de conscience de la démarche
E. D'accord, vous avez raison. Est-ce qu'il y a autre chose qui est pareil? Je vous donne encore un « OUI » et un « NON » pour que vous puissiez mieux comparer :	validation immédiate Q.E. incitant à la comparaison
Mes frères sont malades — Les garçons jouent au ballon	
A. Les « OUI » c'est toujours ce qu'ils sont et les « NON » ce qu'ils font.	comparaison des attributs
E. Bon, puisque ce qu'ils **sont** revient à chaque fois, je souligne au tableau.	support de la mémoire
A. C'est toujours des personnes. A. C'est toujours le verbe être au présent.	
E. D'accord, je note. Voici deux autres exemples, un exemple « OUI » et un exemple « NON ».	feed-back neutre
Cet animal était cruel — Chantal a un chat	
A. Animal n'est pas une personne. E. On va barrer « personne ». A. Mais c'est toujours ce qu'ils **sont**.	comparaison des exemples
E. Oui, c'est juste. Est-ce qu'il y a autre chose qu'on peut barrer? Regardez bien les exemples et ce qu'on a noté. *(Silence.)*	validation. Q.E. : recherche des différences
A. On peut barrer « au présent ».	conclusion

E. Pourquoi?	Q.E.
A. Parce que « cet animal était cruel » n'est pas au présent.	justification
E. D'accord, je barre. Est-ce que les exemples « OUI » indiquent toujours ce qu'ils sont?	validation
A. Oui.	
E. Oui, même si le temps change, c'est toujours ce qu'ils sont... Je vous donne deux nouveaux exemples : Le repas est bon Il mange mal	validation
A. On dit ce que le repas est.	
A. Toujours le verbe être.	
E. D'accord. Est-ce qu'il y a autre chose qui est toujours pareil que vous n'avez pas encore dit? *(Silence.)*	Q.E. : incitation à la comparaison
A. Toujours troisième personne.	
E. Oui, tu as raison, mais si je te dis que nous sommes malades *(l'enseignant l'écrit)* Nous sommes malades	variété des exemples
est un « OUI » aussi, est-ce alors vrai que c'est toujours à la 3e personne?	différenciation entre attributs essentiels et non essentiels
A. Non, il ne faut pas le marquer alors.	
E. Non, effectivement, la personne ne joue pas. Regardez bien les exemples positifs, je vous les redis *(l'enseignant les répète à haute voix).*	validation
Vous dites qu'à chaque fois c'est ce qu'ils **sont...** Quel mot indique ce qu'ils sont? Par exemple dans « Louise est gentille »?	recherche des indices
A. C'est « gentille » qui nous explique ce qu'elle est. Elle est « gentille ». Et Louise est « triste » et Pierre est « gentil » et les frères sont « malades ».	
E. Bon, je les souligne. Quelle est la nature de ces mots?	
A. Adjectif qualificatif.	
E. A chaque fois? Vérifiez, je les souligne tous.	Q.E. : incitation à la vérification
A. Oui, à chaque fois.	
E. Où est-il placé dans la phrase cet adjectif?	recherche des attributs manquants
A. En dernier.	
E. Oui, est-ce que quelqu'un peut dire cela d'une autre façon?	
A. En dernier, après le verbe être.	

E. Après le verbe être. Est-ce que c'est vrai à chaque fois? Vérifiez.

Q.E. : incitation à la vérification

A. Oui.

E. Bon je note. Alors résumons ce qu'on trouve à chaque fois dans les exemples « OUI » jusqu'à présent. Regardons ce que nous avons gardé sur le tableau :

récapitulation

- le verbe être;
- un adjectif qualificatif qui indique ce qu'ils sont;
- l'adjectif qualificatif est placé après le verbe être.

Quand vous dites « ils », c'est qui?

Q.E. : précision de l'attribut

A. C'est la personne.

A. Ou l'animal.

A. Ou le repas.

E. La personne ou l'animal ou le repas, c'est quoi dans la phrase? Quelle est la **fonction** de ces mots?

Q.E. : recherche des attributs manquants

A. Le nom.

E. Est-ce que le nom est une fonction?

clarification

A. Non, c'est la nature de ce mot.

E. Alors, quelle est la fonction?

A. C'est le sujet.

E. Oui, c'est juste. On dit comment est le sujet. Vous êtes d'accord qu'à chaque fois on dit comment le **sujet est?**

validation

A. Oui, « Louise est », « Isabelle est », « Pierre est », « mes frères sont », « cet animal était », « le repas est »... à chaque fois c'est le sujet.

E. Bon. Regardez maintenant ces exemples « OUI ». Quel est le lien entre le sujet et l'adjectif qualificatif? Comment est-ce qu'ils sont reliés entre eux?

Q.E. : recherche des attributs manquants

Isabelle est triste, Louise est gentille, Pierre est gentil, nous sommes malades.

A. On sait comment ils sont.

A. Ils vont ensemble.

E. Qu'est-ce qui te fait dire qu'ils vont ensemble? Comment peux-tu être sûr de cela? Pourquoi est-ce que Louise et gentille vont ensemble et Pierre et gentil?

Q.E. : recherche des liens

A. C'est le même genre.	
E. Autre chose?	
A. Et le même nombre.	
E. Est-ce vrai à chaque fois? Vérifiez, prenez votre temps. *(Pause.)*	Q.E. : incitation à la vérification
A. Oui, c'est vrai à chaque fois.	
E. Bon, c'est juste. Je vous donne encore deux exemples « OUI ». Vérifiez. Anne-Laure est fatiguée Nathalie est une fille	validation
A. Une fille n'est pas un adjectif!	
E. Vous avez raison. C'est un groupe nominal. Pourtant je vous dis que c'est un « exemple OUI ». Quelle serait l'explication?	validation Q.E. : incitation à la comparaison
A. On dit toujours ce qu'elle est.	
E. Est-ce qu'il y a toujours un lien entre le sujet « Nathalie » et « une fille »?	Q.E. : incitation à la vérification
A. Oui, ça dit toujours ce qu'elle est et c'est le même genre et le même nombre.	
E. Donc, le mot qui indique ce qu'on est peut être *soit* un adjectif qualificatif, *soit* un groupe nominal, mais dans les deux cas il y a un accord en genre et en nombre. Voici encore un exemple : Anne est une élève de 7e	structuration des niveaux d'abstraction et la relation disjonctive
Quelle est la partie de la phrase qui indique ce qu'elle est?	Q.E. : incitation à la vérification
A. « Une élève de 7e ».	
E. Oui. Et au niveau nature, c'est quoi?	
A. Groupe nominal, comme tout à l'heure.	validation
E. Oui. C'est juste. Je pense que vous commencez à bien comprendre ce qu'il faut pour être un exemple positif. On va essayer autre chose : cette fois-ci, je ne vous dis plus si c'est un « OUI » ou un « NON », c'est vous qui jugez; et soyez prêts à expliquer vos réponses! Je vous donne l'exemple à haute voix et vous réfléchissez pendant que j'écris : Grand-père est dans le jardin	*Phase II : représentation mentale* évaluation formative consignes méthodologiques
A. C'est un « NON ».	évaluation
E. Pourquoi?	

A. Ça ne dit pas ce qu'il **est.**	justification
E. Qu'est-ce qui ne dit pas ce qu'il est?	
A. « dans le jardin ».	
E. Alors, ça indique quoi, « dans le jardin »?	
A. Où il est.	
E. Oui, vous avez raison, c'est un « NON » parce que « dans le jardin » indique le lieu où il se trouve et non pas ce qu'il est. *(Pause.)* Je vous donne un autre exemple :	validation immédiate
Picasso est un grand peintre	
A. C'est un « NON ».	
A. Non, c'est un « OUI ».	
E. Ah, il y a conflit! Très bien, cela nous permettra de clarifier les choses. Qui dit non? Levez la main. Tu vois, tu n'es pas le seul. Alors, pourquoi penses-tu que c'est un « NON »?	conflit cognitif incitation à l'argumentation
A. Parce que c'est un complément d'objet direct.	conclusion
E. Comment expliques-tu cela?	
A. Il est quoi dans la vie? un grand peintre.	
A. Non, c'est un « OUI » parce que ça ressemble à « Nathalie est une fille ».	confrontation
A. Mais ce n'est pas un adjectif qualificatif...	
A. On a dit que ça peut être un groupe nominal aussi, les deux, ça marche.	
A. Ah oui, c'est vrai, j'avais oublié.	rectification
E. Est-ce que « un grand peintre » indique ce que Picasso **est?**	
A. Oui, dans la vie il est un grand peintre. Il était, il est mort maintenant.	
E. Oui, si tu veux on peut changer : « Picasso était un grand peintre ». Alors qui peut donner les raisons pour lesquelles c'est un « OUI »?	récapitulation
A. On dit ce qu'il est. Il y a le verbe être. Il y a les deux parties.	
E. Qu'est-ce que tu veux dire par « il y a les deux parties »? Quelqu'un d'autre a bien compris ce qu'elle veut dire par cela?	reformulation
A. Oui, « Picasso » est relié à « un grand peintre ». C'est le même nombre et le même genre.	
E. Oui, c'est juste. Il y a effectivement un lien	validation immédiate

entre les deux mots, car ils indiquent la même personne; il y a identité entre « Picasso » et « un grand peintre », donc ils s'accordent grammaticalement en nombre et en genre pour marquer ce lien. *(Silence.)* Et quoi d'autre? Qu'est-ce qu'on n'a pas encore dit?

A. *Silence...*

E. Regardez l'emplacement...

recherche des attributs manquants

A. Un « grand peintre » est **placé** après le verbe être.

E. Oui, c'est ça, la partie qui indique ce qu'il **est** est placée après le verbe et fait partie du groupe verbal, il est un grand peintre. *(Pause.)*

validation

Parfois la partie qui indique ce qu'on **est,** est placée **avant** le verbe et fait partie du groupe nominal, mais dans ce cas ce n'est pas un exemple « OUI », comme nous sommes en train de voir en ce moment. Pour le concept que nous sommes en train d'étudier maintenant, la partie qui indique ce que quelqu'un ou quelque chose **est,** doit être placée après le groupe verbal. Est-ce que quelqu'un sait comment on appelle cette partie de la phrase? *(Silence.)*

lien avec un autre concept du même réseau

E. On l'appelle « **attribut du sujet** ».

introduction de l'étiquette

A. Je connaissais déjà.

E. C'est bien. Maintenant tu connais aussi **pourquoi** un tel mot est attribut quand tu le rencontres.

prise de conscience de la fonction de l'étiquette

A. Et comment ça s'appelle quand c'est placé devant le verbe?

E. Bonne question. Voyons un exemple. Reprenons Picasso. Si on veut mettre un « grand peintre » avant le verbe, qu'est-ce que cela donne? Prenez un moment pour réfléchir.

élargissement du réseau conceptuel

« temps de délai »

A. Est-ce qu'on peut l'écrire?

E. Oui, bien sûr.

A. Picasso, un grand peintre, est...

E. ...est quoi?

A. Je ne sais pas, on n'a pas dit...

A. ...est mort

E. Oui, c'est bien : « Picasso, un grand peintre,

est mort ». Quelle est la partie qui indique ce qu'il est?

A. Je ne comprends plus rien! Maintenant il y a deux parties qui indiquent ce qu'il est!

conflit cognitif

E. Oui, cela se complique! Mais regardons quelle partie correspond à ce que nous avons caractérisé jusqu'à présent comme exemple « OUI » c'est-à-dire l'**attribut?**

rappel des attributs

A. Ce qui vient après le verbe.

E. C'est quoi dans la phrase « Picasso, un grand peintre, est mort »?

A. C'est « mort ». Donc c'est « mort » qui est l'attribut?

E. Oui, dans cet exemple, c'est « mort » qui est l'attribut. Mais vous avez raison, il y a encore une indication sur ce qu'il **est,** qui est placée **avant** le verbe et fait partie du groupe nominal. Quand je dis « Picasso, un grand peintre », je fais une petite pause, on entend que je parle de Picasso... Quand je l'écris, je sépare les deux parties par deux virgules. Alors, dans ce cas, ce n'est pas un attribut, mais une **apposition.** Une **apposition,** indique aussi qui est la personne, mais l'**apposition** est placée immédiatement à côté du nom, entre deux virgules.

validation

lien avec un autre concept du même réseau

A. Sinon, c'est pareil? C'est presque la même chose.

A. Il y a juste la différence de l'emplacement, mais cela indique toujours ce qu'est la personne.

E. Oui, c'est cela le plus important. L'attribut fait partie du groupe verbal et il est placé après le verbe. Autrement dit, il qualifie le nom par l'intermédiaire du verbe. L'apposition qualifie aussi le nom ct s'accorde en genre et en nombre avec ce nom, mais il fait partie du groupe nominal. Voyons encore un exemple : Les enfants sont malades. Est-ce que « malades » est attribut ou apposition?

différenciation entre exemples positifs et négatifs

A. Attribut, parce qu'il fait partie du groupe verbal.

conclusion
justification

E. Est-ce que tu peux modifier la phrase de façon à ce que « malades » devienne **apposition?** Prends ton temps, tout le monde peut essayer de le faire dans sa tête. *(Pause.)* Alors, qu'est-ce que cela donne?	vérification
A. « Les enfants, malades, sont tristes. »	
E. Oui, c'est juste. On reviendra à cette question un autre jour.	validation
Maintenant, je vous donne encore un exemple pour voir s'il s'agit d'un attribut ou pas : Elle est en avance	
A. C'est un « OUI ».	
A. Moi, je dis que c'est un « NON ».	conflit cognitif
E. Encore un cas à trancher. Qui dit « OUI »? Alors pourquoi?	
A. C'est un « OUI » parce qu'il y a le verbe être qui dit ce qu'elle est, en avance, c'est ce qu'elle est. Une avance, c'est du féminin, donc il y a accord, les deux parties sont reliées.	conclusion justification
A. En avance ne dit pas ce qu'elle est, ce n'est pas la même chose que « elle est une fille ».	confrontation
E. Si c'était un garçon qui était en avance, qu'est-ce que cela donnerait?	Q.E. : incitation à la comparaison
A. « Il est en avance. »	
E. Est-ce qu'il y a toujours accord entre les deux parties?	Q.E. : incitation à la vérification
A. Non. *(Silence.)* Ah! d'accord j'ai compris!	rectification
E. C'est un exemple un peu traître, n'est-ce pas? Mais être en avance n'indique pas ce que la personne **est,** ne qualifie pas le sujet, pas plus qu'être en retard, et ce n'est donc pas un attribut. Qui peut inventer un exemple avec attribut? Mais attention, il faut que les quatre conditions soient présentes. Prenez votre temps, vous pouvez les écrire si vous voulez.	validation *Phase III : abstraction*
A. « Mon chien est un teckel. »	création d'exemples
E. Est-ce correct? Qui veut dire pourquoi?	
A. Oui, c'est juste. Teckel dit ce que le chien est...	justification
E. Oui, il qualifie le sujet, quoi d'autre?	
A. Teckel fait partie du groupe verbal, et il est placé après le verbe être. Il est relié au	

nom, c'est du masculin singulier. Il y a identité entre teckel et chien.

E. C'est juste. Et au niveau nature? — validation

A. C'est un nom, ou plutôt un groupe nominal, un teckel.

A. « Caroline est ma cousine. » On dit ce qu'elle est, le verbe être qualifie le nom. Caroline est du féminin singulier et ma cousine aussi. C'est la même personne. Si j'avais parlé de son frère, je dirais : « Frédéric est mon cousin ». — abstraction – généralisation

E. Est-ce que tu peux modifier la phrase pour que l'attribut soit exprimé par un adjectif qualificatif? — vérification

A. « Caroline est gourmande. »

E. Oui, c'est juste. Qu'est-ce qu'on a étudié là? — validation

A. L'attribut du sujet.

A. Oui. On va s'arrêter là pour aujourd'hui. — rappel de l'étiquette

Pour demain, je vous demande de lire le chapitre sur l'attribut dans votre livre de grammaire. — résumé

Ne vous étonnez pas si vous trouvez aussi des verbes très proches du verbe être, comme devenir ou sembler. Elle est gourmande ou elle semble gourmande ou elle paraît gourmande, c'est très proche. Nous y reviendrons plus tard.

Je vous demande aussi de chercher des phrases où il y a un attribut. Vous pouvez les chercher où vous voulez : dans le journal, dans un livre ou ailleurs. Mais il en faut au moins trois. Il faut aussi dire pourquoi ce sont des attributs, comment vous pouvez les reconnaître. Après on les regardera ensemble. — réinvestissement

REMARQUES

Quelques remarques peuvent encore clarifier cette situation d'apprentissage. Cet exemple de leçon montre bien que les élèves observent souvent autre chose que ce que l'enseignant avait l'intention d'illustrer par son choix d'exemples. Comme il est impossible de prévoir les perceptions individuelles des élèves, il est indispensable de prévoir une occasion pour analyser ces perceptions qui correspondent aux représentations des élèves. Ensuite, en fonction de cette analyse, changer ou ajouter des exemples qui modifient la perception par rapport au concept à atteindre. Les perceptions intuitives ne sont pas fausses en soi, mais par rapport aux attributs que l'élève est censé identifier, donc par rapport à ce qu'il fallait apprendre. Cependant, la réponse est généralement jugée comme incorrecte, sans que l'enfant sache pourquoi – à moins qu'on lui ait expliqué la méthode qu'il faut suivre pour déterminer ce qu'est un attribut pertinent par rapport aux exemples donnés. Il faut que l'élève comprenne que c'est uniquement les constances qui comptent, les éléments qui reviennent régulièrement. Cela lui donne un critère objectif.
Il est important de constamment rappeler cette démarche mentale : attirer l'attention sur la justification d'un attribut retenu – enseigner à l'élève comment il peut lui-même décider si un élément qu'il a observé est pertinent ou pas dans un contexte donné. De cette façon il va pouvoir, de façon consciente, abandonner une idée fausse et focaliser son attention sur les caractéristiques essentielles dans l'apprentissage proposé. Dans l'exemple donné, ceci paraît simple, mais le principe est le même quand il s'agit de comprendre une loi mathématique ou les idées essentielles d'une œuvre littéraire ou philosophique, ou encore les symptômes d'une maladie nouvelle que personne n'a encore identifiés. C'est une démarche scientifique.

Une autre erreur que l'apprenant commet régulièrement – quel que soit son âge – est de passer hâtivement à une conclusion – fausse – parce qu'il reconnaît un ou deux attributs, ou simplement par intuition; il *croit*, il lui semble, que c'est bien cela. Il décide alors rapidement que ces exemples – inconnus – sont bien une extension du concept en question, sans vérifier si cette conclusion est justifiée par la présence de *tous* les attributs qui conditionnent la définition du concept... la vérité, toute la vérité et rien que la vérité...! Pour que cette vérification devienne automatique, il faut également constamment la rappeler et rendre l'apprenant conscient de cette démarche. La mise en relation est plus efficace si la définition est donnée sous forme d'un schéma où les attributs sont clairement identifiables, et non sous forme d'une phrase

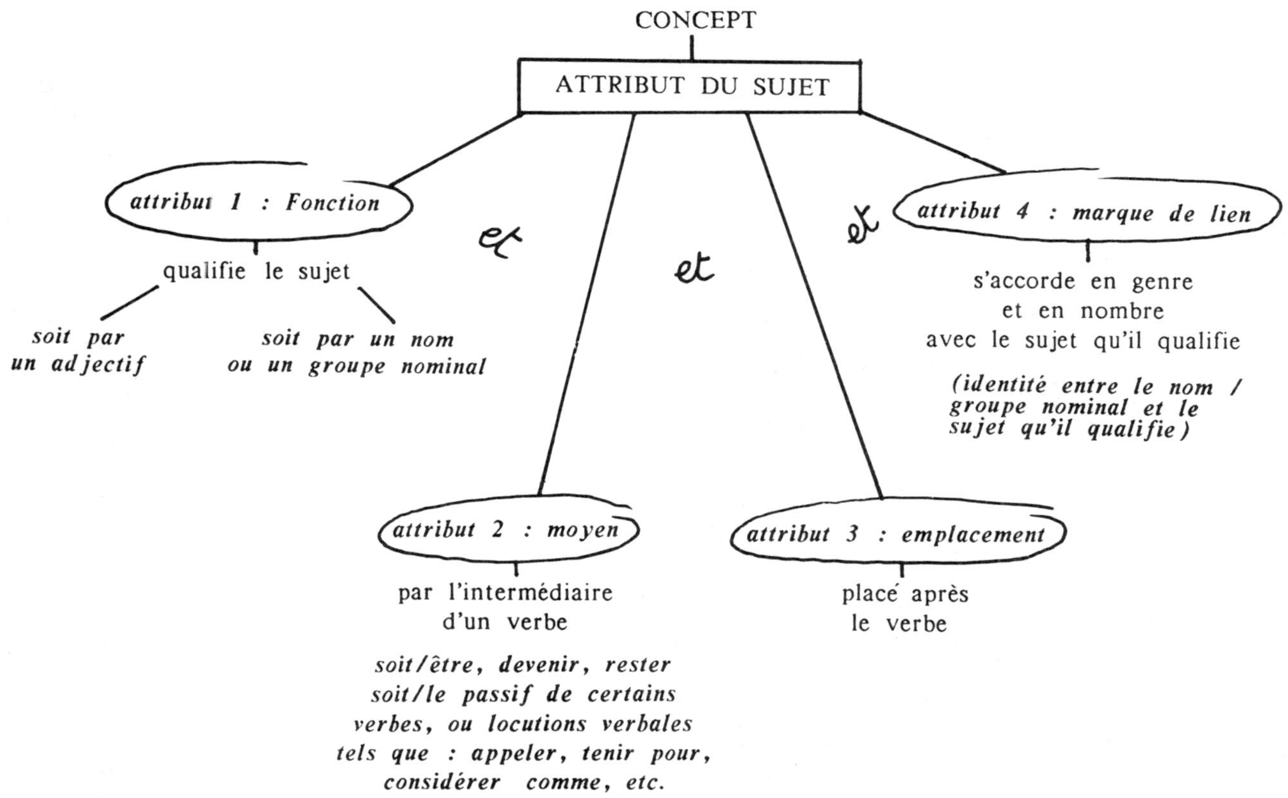

Exemples :

Louise est *gentille*
Nous sommes *malades*

Cet animal était *cruel*
Le repas est *bon*
Anne est *une élève de 7e*
Nathalie est *une fille*

Il semblait *content*
Le malade devenait *pâle*
Le bébé semble *gourmand*
Picasso est considéré comme *un grand peintre*

longue et obscure, où l'élève ne distingue pas bien les niveaux d'abstraction et la relation des attributs. S'il s'agit d'un concept disjonctif, plus difficile à cerner, il est tout aussi important de bien montrer la relation soit/soit. Il y a malheureusement peu de manuels qui sont organisés de cette façon. Le fait de traduire la définition en un schéma avec les interrelations des attributs exprimées facilite, selon mon expérience, l'acquisition du concept et améliore son transfert.

Si la définition préliminaire nous apprend que « l'acquisition des concepts consiste en la recherche et la validation des attributs qui peuvent servir à distinguer des exemples des non-exemples », ces actes apparemment simples posent, comme nous avons pu le constater, un grand nombre de problèmes pédagogiques où les occasions de se tromper dans le raisonnement sont nombreuses. Les opérations mentales qui sous-tendent l'acquisition des concepts sont également plus complexes qu'on pourrait le croire à première vue.
L'analyse de la démarche pédagogique que nous venons de suivre demande donc à être complétée par une description plus détaillée des opérations mentales qu'elle déclenche chez les élèves. C'est ce que le chapitre suivant va essayer de faire. Cette description est faite dans une perspective pédagogique et son but est de faciliter l'élaboration des situations d'apprentissage assurant un apprentissage conceptuel.

Chapitre 6

Stratégies d'apprentissage :

le cheminement vers l'abstraction

Après l'analyse des activités observables d'une situation d'apprentissage, nous allons passer à celle des processus cognitifs sous-jacents. Il est bien plus complexe de décrire les processus internes; il est pourtant indispensable de rapprocher les deux. Quels sont les processus cognitifs induits par le modèle pédagogique proposé? La réponse à cette question requiert d'abord trois clarifications.

Premièrement, il faut admettre que les activités mentales ne sont pas directement observables. Leur analyse requiert l'emploi de l'induction. On peut également s'appuyer sur ce que l'apprenant peut expliquer lui-même à partir de questions précises ou en lui demandant de penser « à haute voix ». Le rapprochement avec d'autres explications théoriques est également éclairant, comme nous le verrons.

Deuxièmement, il faut admettre que notre vocabulaire n'est pas univoque dans ce domaine. Dans le langage courant certains mots sont déjà chargés de sens différents selon les personnes et les milieux. C'est pourquoi il m'a paru important de décrire ces processus aussi concrètement que possible et de les rapprocher des comportements observables par des exemples précis. C'est ma propre compréhension de ces processus, par l'observation des enfants en situation d'apprentissage, qui a guidé mon choix de vocabulaire et de définitions. Cette description est généralisable et peut donc servir de « modèle cognitif ».

Troisièmement, pour des raisons pédagogiques, il faut admettre la nécessité de décomposer un processus intégré en étapes séquentielles. Non pas qu'il s'agisse d'une hiérarchie rigide et étalée dans le temps. Dès qu'un individu perçoit quelque chose par ses cinq sens, il déclenche immédiatement toute une « chaîne » d'opérations mentales destinée à déterminer ce qu'il voit. « En route » il y a des erreurs, des vérifications, des retours en arrière : le cycle se répète indéfiniment. L'éclair conviendrait mieux que la ligne pour le représenter, car l'enchaînement des étapes est si rapide que tout est fondu dans l'espace d'un éclair.
Puisqu'il s'avère – le chapitre suivant en témoignera – qu'en séparant les opérations mentales pour mieux observer chaque étape, on acquiert une compréhension approfondie de tous les aspects du processus, il semble pédagogiquement justifié de le faire.
Cette compréhension permettra par la suite à l'enseignant de choisir des activités pédagogiques susceptibles de susciter les processus d'abstraction et de généralisation chez l'apprenant.

Le processus de l'abstraction : un modèle cognitif
Examinons maintenant ces activités mentales l'une après l'autre pour mieux dégager leur sens et leurs interrelations et, ainsi, mieux mettre à jour leur caractère interdisciplinaire. Il deviendra alors évident qu'elles sont opératoires quel que soit le domaine de connaissance et que leur développement est indispensable à tout individu.

PERCEPTION

Le processus de la perception est le même pour tout individu, enfant ou adulte, mais l'individu ne perçoit pas nécessairement la même chose à partir de la même source. Notre perception est limitée par notre expérience individuelle. Même si nos cinq sens sont actifs dans tout acte de perception, c'est notre cerveau qui décide de ce que nous pouvons percevoir à travers eux. Il est aujourd'hui établi que nos connaissances antérieures, nos valeurs, notre affectivité, nos styles cognitifs, notre âge et peut-être même notre sexe jouent sur notre manière d'appréhender et d'interpréter notre environnement.

La perception est un processus cognitif fondamental, nécessaire à tout développement à venir. Un nouveau-né a besoin des stimuli sensoriels sans lesquels son développement cognitif ne se poursuivra pas normalement. Avec le temps et l'expérience, sa capacité d'organiser ces stimuli va se développer. Selon Bruner la nature de cette croissance intellectuelle va dépendre de facteurs extérieurs, autrement dit de la culture dans laquelle il baigne. La langue en est peut-être l'élément essentiel, elle façonne sa pensée.

Au départ de la perception les sens sont stimulés par les sensations auxquelles l'individu est exposé. Ces sensations amènent l'individu à construire une image mentale pour représenter la chose perçue. Quand on perçoit quelque chose par les sens, on en garde ensuite un souvenir mental. « A l'origine du processus par lequel va se constituer la perception extérieure, on trouve un simple phénomène de dégagement : l'image perceptive n'est d'abord qu'une sorte de souvenir de la sensation [1]. » On peut parler d'une perception « primaire », déterminée par des stimuli sensoriels.

Mais qu'est-ce qui détermine ce dont on va se souvenir? La perception, selon Bruner, est un processus qui demande une prise de décision puisque celui qui perçoit doit déterminer ce qu'il croit percevoir. Cette décision sur la nature des sensations est basée sur des « indices » *(cues)* que les structures mentales, déjà organisées, lui permettent de distinguer. C'est-à-dire qu'à partir d'une image déjà constituée auparavant, stockée dans sa mémoire, l'individu peut décider ce qu'il perçoit. On pourrait parler d'une forme rudimentaire de catégorisation, puisqu'il faut reconnaître – et donc se souvenir de – certains indices et déterminer si la chose perçue appartient ou non à la même catégorie. On reconnaît quelque chose de nouveau par analogie avec un élément déjà perçu.
On peut comparer cette idée de la perception vue comme une catégorisation avec ce que Goblot [2] dit par rapport au *jugement :* « Les données de l'expérience ne sont données qu'autant qu'elles sont saisies; l'acte de l'esprit qui les saisit est un jugement... juger, c'est discerner. »

De toute évidence l'âge de l'enfant influence ses perceptions. Puisque les trois modes de représentation dont nous disposons, selon Bruner, pour appréhender et stocker l'information – modes enactifs [3] (sensori-moteur), iconique [3] (visuel) et symbolique – se développent dans cet ordre, le jeune enfant examinera plus facilement les éléments perceptibles par ses cinq sens qu'en se référant à son expérience encore limitée. limitée.
Dans un premier temps on apprend ainsi par l'action, par la manipulation. C'est le mode « enactif » ou sensori-moteur. L'information passe par l'action. Connaître, c'est d'abord agir. On connaît quelque chose parce qu'on « sait le faire ». Pour apprendre on a besoin de manipuler les données, de les percevoir par les sens. Un apprentissage psychomoteur se fait par l'intermédiaire de l'action et sa représentation est sensori-motrice, « inscrite dans nos muscles [4] ».

1. Burloud, *Cours de philosophie, psychologie,* Classiques Hachette, Paris, 1948, p. 187.
2. Goblot, *Traité de logique,* p. 43.
3. Vocables propres à Bruner.
4. Bruner J.S., *Beyond the information given,* selected and edited by J. Anglin, W.W. Norton, New York, 1973, p. 328.

Il y a des apprentissages qui en restent là, on sait faire, sans plus.
Le mode cognitif suivant mène plus loin, il s'agit ici de pouvoir se représenter quelque chose sans l'avoir devant les yeux. L'action est transformée en image mentale. « Les images développent leur propre fonction, elles deviennent de précieux résumés de l'action [5]. » « ...les images représentent des événements perceptuels comme un tableau représente l'objet peint [4]. »
Quand l'enfant est capable de distinguer un carré d'un rectangle mais sans arriver à formuler les raisons de cette distinction, il se trouve à ce niveau-ci. C'est le mode « iconique »; il y a également beaucoup d'apprentissages qui restent à ce niveau.
Une « traduction » de la représentation mentale en une représentation abstraite – des mots ou des codes divers – mène au troisième mode, le mode symbolique. « Le système symbolique représente les choses par des symboles qui sont déconnectés et arbitraires. Un mot ni ne désigne son signifié du doigt, ni ne lui ressemble comme une image [4]. »
L'apprentissage à ce niveau est le plus complet; on peut communiquer sa pensée à soi-même et aux autres, dire ce qu'on fait et ce qu'on pense faire. « Le développement cognitif comprend une capacité de plus en plus grande de dire à soi-même et aux autres, à l'aide de mots ou de symboles ce qu'on a fait et ce qu'on fera [5]. »

C'est le conflit entre deux modes qui stimule la croissance cognitive. Quand un enfant est encouragé à expliquer ce qu'il fait ou ce qu'il voit, il est obligé de quitter l'action ou l'image qui sont souvent des représentations limitées de la chose, dominées par les éléments extérieurs, observables. Sa compréhension va alors s'approfondir.
Un apprentissage moteur peut donc évoluer à travers les trois modes de représentation; par les gestes, par l'image des gestes et par l'explication verbale des gestes. Aucun apprentissage n'est enfermé dans un seul mode.
Bruner dit bien que, pour lui, il ne s'agit pas de trois stades de développement liés à l'âge et à la maturation, mais de trois systèmes de représentation; une fois développés, ils fonctionnent comme trois systèmes parallèles pour appréhender l'information.
Cependant, plus l'enfant est jeune et inexpérimenté, plus il a besoin de manipuler pour accéder à l'information. Ensuite l'apparence visuelle domine. Le système symbolique devient dominant avec l'âge et l'expérience, mais cela ne veut pas dire que l'adulte ne codifie plus une expérience par le système enactif ou iconique.

5. Bruner J.S., *Toward a Theory of Instruction*, Cambridge, Harvard University Press, 1966, p. 13 et 5.

Les jeunes enfants ayant moins d'expérience et de connaissances vont tout naturellement percevoir moins de choses. Pourtant, dans cette optique, ce n'est pas l'âge en soi qui est déterminant, mais l'expérience déjà acquise par rapport à un contenu.
Une expérience américaine [6] peut également illustrer ce point; on a étudié la perception des champions aux échecs comparés à des joueurs d'échecs de force moyenne. Lors d'une expérience, il est demandé aux sujets de reconstituer la configuration d'un échiquier après qu'ils l'aient vu pendant cinq secondes. Quand la disposition des pièces était celle qui pouvait effectivement se produire au cours d'un jeu, les champions ont replacé correctement un nombre bien plus élevé de pièces que les joueurs plus faibles. Est-ce que les champions aux échecs ont une mémoire plus performante? L'expérience a été répétée, cette fois-ci les pièces étant arrangées au hasard sur l'échiquer. Aucun champion n'a eu un résultat supérieur à celui des joueurs moyens. L'explication n'était donc pas à trouver dans une meilleure mémoire de la part des champions, mais dans le fait que ceux-ci avaient développé une capacité à percevoir les pièces quand celles-ci étaient disposées selon les règles du jeu d'échecs. C'est la connaissance des stratégies du jeu d'échecs qui détermine ce dont le joueur va se souvenir. Ce qu'on perçoit est un produit de l'expérience antérieure, quel que soit l'âge.
La perception commence donc par une discrimination et cette discrimination est sélective. C'est la perception qui nous amène ainsi à donner une signification aux sensations, à faire une discrimination entre les éléments appréhendés à travers les trois modes de représentation. Cette discrimination étant sélective, on distingue certains éléments et pas d'autres. Plus on a acquis de connaissances, plus on va être attentif aux stimuli. Plus on est informé, plus on perçoit l'information. « Percevoir finit par n'être plus qu'une occasion de se souvenir [7]. » Si on n'a pas de souvenir, on ne voit rien. Parfois les souvenirs sont enfouis et il faut les faire remonter à la surface.

On peut faire la différence entre la perception automatique – qui est sans effort – et la perception qui demande de l'attention pour identifier l'objet perçu. Si on montre un signe, une lettre ou un chiffre parfaitement connus, la réponse sera rapide et correcte et ne demandera aucun effort. Devant un objet inconnu, ou peu connu, c'est le degré de l'attention qui conditionne la discrimination.
Il est compréhensible que l'enseignant, connaissant très bien son sujet et

6. De Groot, « Perception and memory versus thought », *in* Kleinmuntz, *Problem Solving, Research, Method, and Theory*, New York, 1966, Wiley.
7. Bergson, 1897, *Matière et mémoire*, PUF, Paris

percevant automatiquement les caractéristiques du concept qu'il enseigne, puisse difficilement se mettre à la place de l'élève qui ne voit pas, n'entend pas la même chose que lui. L'enseignant n'est pas distrait par les caractéristiques non essentielles, il distingue sans effort le concept. L'élève de son côté interprète ses perceptions à travers ses propres représentations. Si l'enseignant n'est pas conscient de l'écart qu'il y a entre sa perception et celle des élèves, il ne peut pas les aider efficacement à diriger leur attention sur ce qu'ils doivent percevoir, ce qu'ils doivent apprendre. Les préférences dans la sélection perceptuelle sont subjectives, mais l'acte pédagogique peut les modifier et ainsi élargir la perception.

Les connaissances et les expériences antérieures sont donc un facteur primordial pour déterminer ce qu'un individu peut percevoir. Les différences cognitives individuelles influencent également la façon d'appréhender et interpréter la chose perçue. Nous y revenons brièvement plus loin dans ce chapitre.

COMPARAISON

Il est difficile de parler de la perception sans parler de la comparaison, les deux processus sont intimement liés. Dans la mesure où l'on considère la perception comme un processus constructif, les frontières sont très floues. Il paraît important, pour notre projet pédagogique, de souligner la différence entre la capacité de discriminer certaines caractéristiques et de savoir préciser en quoi elles sont différentes et par rapport à quoi. Des définitions encyclopédiques de la comparaison ne montrent pas toujours cette distinction :
« Opération par laquelle on établit les ressemblances et les différences entre deux ou plusieurs termes ou choses : la comparaison est l'essentiel de toute étude scientifique. Comparaison suit description et précède explication [8]. »

L'expérience pédagogique montre qu'il ne suffit pas « d'établir des ressemblances et des différences entre deux choses » pour que la comparaison soit valable. Pourtant c'est ce que l'élève fait très souvent : « Il fait beau en été et en hiver je fais du ski. » Quel enseignant accepterait cette comparaison? On trouvera en marge « incohérence ». Mais souvent l'élève ne comprend pas cette incohérence et ne sait pas par quelle méthode il pourrait l'éviter.
Comparer et contraster sont des opérations mentales qui vont plus loin que la distinction. On ne fait pas seulement la différence, mais on doit déterminer par rapport à quoi s'appliquent les ressemblances et les

8. *Vocabulaire de la philosophie et des sciences humaines*, Armand Colin, 1980.

différences. Pour comparer il faut mettre deux éléments côte à côte et les examiner par rapport à ce qui les caractérise. S'il s'agit d'une comparaison de deux objets par rapport à des attributs observables, présents et visibles, la chose est plus simple. C'est rarement le cas. En général il faut d'abord identifier un certain nombre de critères qui sont à chercher dans la mémoire et c'est ensuite en fonction de ces critères qu'on peut déterminer s'il y a des ressemblances ou des différences entre les deux objets.
La première difficulté, dans la comparaison, est de comprendre que les caractéristiques qu'on rapproche doivent être de la même catégorie – quoique la catégorie choisie puisse varier d'une personne à l'autre. Devant deux voitures un individu va les rapprocher par la forme, l'autre par la couleur et un troisième par la marque ou la force du moteur. Si on est dans l'incapacité de trouver des attributs à comparer, on est évidemment en difficulté. C'est souvent le cas; on n'arrive pas à mobiliser une information pourtant stockée dans la mémoire, on « n'a pas d'idées ». Si on n'a pas d'éléments à comparer, on ne peut pas « opérer » une comparaison, quelle que soit son aptitude par ailleurs. D'où l'importance des méthodes qui permettent de mobiliser les connaissances qu'on possède. Comparer des attributs de natures différentes est une erreur que les élèves commettent souvent.
Une autre erreur fréquente consiste à comparer des niveaux différents d'abstraction. En disant qu'en été on voit beaucoup d'animaux et qu'en hiver il y a des rouges-gorges, on a comparé, d'une part, une catégorie supérieure, « animaux », avec, d'autre part, un exemple de cette catégorie : « rouge-gorge ».
C'est cette analyse des erreurs fréquentes qui permet de définir de façon opérationnelle le processus mental qu'est la comparaison. En fait, une comparaison se manifeste par la capacité de déterminer par rapport à quoi deux objets se ressemblent ou se différencient. Le critère choisi doit être de même nature et du même niveau d'abstraction. Autrement dit, on distingue certaines caractéristiques d'un objet ou d'une idée, puis on examine un autre objet ou une autre idée en rapprochant les caractéristiques communes de même nature et du même niveau d'abstraction.
La comparaison est une pensée analytique par laquelle il faut séparer une entité en ses composantes et reconnaître les relations qui les lient.

Quand le jeune enfant a compris la logique d'une classification simple, effectuée sur un seul attribut, il est prêt à aborder la classification multiple, à partir de la présence de plusieurs attributs envisagés simultanément. La capacité de combiner plusieurs attributs est importante pour le développement de la pensée logique, la classification simple étant un prérequis.

Pour mieux comprendre la complexité de ce niveau cognitif, il est intéressant de noter que des enfants atteints de lésions cérébrales ont des difficultés à comparer deux objets différents et à les considérer par rapport à deux traits communs. Ils réagissent plutôt par rapport à chaque objet globalement et ne sont pas capables d'en séparer un attribut et de le mettre en relation avec le même attribut d'un autre objet. Cette déficience chez l'enfant mentalement handicapé se retrouve souvent à un moindre degré sous la forme d'une difficulté chez l'enfant normalement constitué; pour aider l'un comme l'autre, il faut être conscient de l'origine de la difficulté. Non corrigée elle va entraver le processus de l'abstraction. L'enfant normal a parfois simplement besoin de temps. Des expériences ont montré que l'enfant à haute aptitude intellectuelle effectue plus rapidement les processus mentaux.

Une comparaison opérée de façon cohérente et complète est donc déjà une opération mentale très complexe. Elle prépare l'étape suivante : la conclusion, le choix. Avant de faire ce choix il faut explorer le plus grand nombre possible de rapprochements existants entre les objets ou les idées à comparer. En langage informatique : il faut « traiter l'information ».

L'INFÉRENCE ET SA VÉRIFICATION

L'inférence inductive

Dans une démarche pédagogique inductive comme la nôtre, le « traitement » de l'information (les exemples) permet de tirer une conclusion hypothétique sur la nature de la règle de classification possible. Cette proposition, faite à partir des cas particuliers, est une inférence. L'inférence est, dans un premier temps, hypothétique et nécessite par la suite une preuve.

L'inférence permet donc de dépasser l'information donnée au départ et d'arriver à une conclusion nouvelle. C'est le premier pas vers la découverte. Dans le cas d'une analyse de texte (s'il s'agit réellement d'une analyse et non pas d'une reproduction d'analyse faite par quelqu'un d'autre) on peut soit arriver à une conclusion jamais vue, soit à une conclusion déjà connue et élaborée par d'autres – dans les deux cas le niveau de pensée est le même pour l'individu qui l'a mise en œuvre. La nature de la « découverte » est identique, même si le résultat est déjà connu.

Pour l'apprentissage d'un concept, l'inférence permet, à partir de plusieurs exemples, de tirer la conclusion que telle combinaison pourrait être celle qu'on recherche. Vérification : est-elle présente dans tous les exemples? En cas d'erreur on fait une autre inférence et on vérifie à nouveau. Et ainsi de suite. Et le « ainsi de suite » est important, car il faut autant d'exemples que nécessaire pour découvrir la relation, la

structure, cherchée. L'opération mentale consiste donc à inférer une conclusion à partir d'une source limitée donnée. On propose une solution possible. *Si* je combine ceci, *alors* j'aurai cela... Nous faisons des inférences tous les jours dans les circonstances les plus variées en interprétant les informations disponibles : le météorologue qui prévoit le temps, le journaliste qui prédit les événements dans tel pays, le policier qui suppose qu'Untel est l'assassin, la jeune fille qui « lit entre les lignes » d'une lettre, le scout qui détermine s'il faut aller à gauche ou à droite selon les informations relevées sur la carte et dans la nature, l'écolier qui découvre les conditions nécessaires pour qu'il y ait accord du participe passé... font tous des inférences. Pour s'assurer de leur validité, il faudrait les vérifier.
« La caractéristique du raisonnement inductif est de comporter au moins une démarche arbitraire de la pensée : c'est un saut dans l'inconnu, son audace fait sa fécondité. Le secret du génie, a-t-on dit, est de ne rien considérer comme impossible. Il y a dans toute induction comme une divination de la vérité, on l'imagine, on l'invente avant de la prouver. Ces démarches hardies ne sauraient produire que des hypothèses. La vérification des hypothèses est donc un complément indispensable du raisonnement inductif [9]. »

Si j'ai préféré utiliser, ici, le terme inférence et non hypothèse, c'est parce qu'il me semble important, pour des raisons pédagogiques que j'expliciterai plus loin, de faire la différence entre le cas particulier et le cas général et par suite, entre l'abstraction et la généralisation.
Inférer comprend la capacité de reconnaître la relation cause-effet, *si... alors*. Si l'apprenant suppose que telles caractéristiques sont importantes alors telle nouvelle combinaison en résultera. Il y a deux phases dans cette opération mentale : d'abord il faut identifier des similarités *malgré* les différences et ensuite retenir celles dont la relation est constante dans tous les exemples.
Si l'analyse décompose et considère toutes les composantes d'une entité complexe, l'inférence est une opération mentale globale qui consiste à en sélectionner et à en retenir quelques-unes et à en négliger d'autres. La première phase de l'inférence est de « penser à part ce qui ne peut être donné à part », mais c'est au moment où l'on peut préciser la relation constante entre les éléments abstraits que cette opération est terminée.
« L'induction la plus achevée est celle qui consiste... à substituer à une réalité perçue des modèles exprimés sous forme symbolique [10]. »

9. Goblot, *Traité de logique*, p. 295.
10. Oléron P., *Les activités intellectuelles*, PUF, collection SUP « Le Psychologue », Paris, 1964, p. 45.

L'élève qui essaie de dégager les attributs essentiels, c'est-à-dire une définition, n'a pas encore terminé son raisonnement : il propose d'abord une combinaison possible, inférée des exemples. Mais c'est seulement après avoir été vérifiée et justifiée par la relation constante que la proposition devient une conclusion valable.
Quels que soient les termes utilisés, il me paraît important pédagogiquement de réaliser l'enchaînement d'opérations mentales à ce niveau :

a. perception :	donner une signification aux sensations, distinguer des différences,
b. comparaison :	distinguer des ressemblances en fonction d'un critère qui est de la même nature et du même niveau d'abstraction,
c. inférence :	proposer une combinaison constante d'attributs parmi les ressemblances distinguées,
d. vérification de l'inférence :	vérifier la constance de la combinaison dans tous les exemples mis à la disposition,
e. répétition de c et d :	en cas d'échec de la vérification, modifier la proposition et faire une nouvelle vérification.

Chaque élève doit passer par cet enchaînement pour acquérir le concept. Je propose le terme « inférence et sa vérification » pour désigner cette chaîne d'opérations, sachant qu'il s'agit ici d'une inférence inductive.

La validité d'une inférence doit être jugée par rapport à la source dont elle est tirée. Il ne s'agit pas de deviner, mais de relier une observation à une autre, d'interpréter à partir d'une source donnée; c'est à partir de cette source que l'on doit pouvoir justifier son inférence.
Pour permettre la mise en œuvre de l'inférence et de sa vérification chez l'apprenant, on comprend que le nombre d'exemples est un facteur important.

Différence entre inférences inductives et déductives
Nous avons jusqu'ici vu des inférences inductives; il serait utile de faire la différence entre inférence inductive et déductive.

L'inférence inductive infère une règle à partir d'une information limitée, à partir de l'observation des faits particuliers, des exemples. A partir de la même source plusieurs inférences peuvent être vraies. Le concept ou la règle inférés peuvent être modifiés au fur et à mesure qu'on rencontre de nouveaux exemples. La règle n'est pas universelle dans un premier temps, mais elle peut le devenir si le nombre d'exemples est suffisant.

L'inférence déductive est la conclusion à partir d'une vérité donnée. On conclut que si *une* chose est vraie, l'*autre* qui y est contenue, l'est nécessairement. Voici un exemple qui suit un modèle classique :

– Les chats sont des animaux	A = B
– Cléo est un chat	C = A
– Cléo est un animal	C = B

– L'adjectif s'accorde en genre et en nombre
– « compliqué » est un adjectif
– « compliqué » s'accorde en genre et en nombre

En partant d'une information vraie on peut en déduire une autre. Le syllogisme est un exemple classique d'une inférence déductive. Les preuves sont données dans les prémisses, l'inférence est nécessairement vraie. Il n'y a qu'une bonne réponse qui exclut les autres puisque la conclusion est contenue dans les prémisses. Il faut bien entendu avoir contrôlé l'exactitude des prémisses.
Goblot [11] résume ainsi la différence entre les deux démarches :
« L'induction consiste, ainsi que la déduction, à construire le conséquent d'un jugement hypothétique avec l'antécédent. Mais tandis que cette construction se fait, dans le cas de la déduction, par des opérations dont la possibilité et les résultats sont déterminés par des connaissances antérieures, elle comporte, dans le cas de l'induction, au moins une opération arbitraire, d'où il résulte que la vérification par confrontation avec les faits est nécessaire.
L'exemple suivant montre bien la différence des deux processus :

Exemple d'une inférence déductive	*Exemple d'une inférence inductive*
Le métal conduit l'électricité	Le fer, le cuivre, le zinc conduisent l'électricité
or le fer est un métal	or, le fer, le cuivre, le zinc sont des métaux
donc le fer conduit l'électricité	donc le métal conduit l'électricité.

L'inférence s'applique donc à la fois à un raisonnement inductif et à un raisonnement déductif. Il y a continuellement va-et-vient entre induction et déduction dans le raisonnement logique. Le modèle pédagogique proposé ici suscite en effet une combinaison des deux.
Notre jeune penseur se trouve donc au stade où, après une première collecte de l'information par la *perception* et un traitement analytique de cette information par la *comparaison,* il procède par *inférence* pour déterminer quels sont les éléments importants pour son problème, les

11. Goblot, *Traité de logique,* p. 311.

sépare des autres par induction et formule la nouvelle règle (c'est-à-dire la relation constante). Celle-ci sera *vérifiée* et *justifiée.*
Toute cette chaîne d'opérations mentales est un processus d'abstraction. Le résultat, le « produit », de cette opération mentale complexe, devient la codification de la situation réelle. La réalité est remplacée par un symbole, l'abstraction. Mais il s'agit, dans un premier temps, d'un produit provisoire, car on n'a pu le vérifier que dans le cadre d'un contenu limité, exposé pendant une leçon.
Ce qui paraît important justement, pour notre projet pédagogique, c'est de dépasser le cadre particulier qu'est la leçon et de voir comment on peut passer de l'abstraction de la leçon à la généralisation qui est un transfert à d'autres situations. C'est pourquoi j'ai voulu faire apparaître la différence entre inférence et hypothèse, et donc entre abstraction et généralisation.

L'HYPOTHÈSE ET SA VÉRIFICATION

Dans la mesure où l'inférence est correcte dans le cas particulier qu'est le contenu d'une leçon, le produit de l'opération mentale est au niveau de l'abstraction. On peut alors procéder à l'étape conceptuelle suivante : l'hypothèse et sa vérification qui – enfin – mène à la généralisation.
L'hypothèse est l'anticipation d'une loi, « supposition que l'on fait d'une chose possible ou non et dont on tire une conséquence » *(Petit Larousse).*
« Proposition reçue, sans égard à la question de savoir si elle est vraie ou fausse, mais seulement à titre de principe tel qu'on en pourrait déduire un ensemble donné de propositions » *(Lalande).*

Ce qui nous intéresse, c'est que l'élève comprenne que la règle découverte en classe n'est pas seulement vraie dans ce contexte, mais *en général,* qu'elle est *transférable.* Il ne le comprend pas toujours.
Dans le langage courant et dans la pratique pédagogique, l'abstraction et la généralisation sont souvent confondues. Pour bien comprendre ce qui se passe dans la tête des élèves il est utile de faire la différence, bien qu'elle soit subtile. L'inférence, comme décrite, nous a amenés à une conclusion sur quelques cas particuliers.
Supposons que l'élève ait eu les exemples suivants à sa disposition :
– elle est gentille
– les filles sont gentilles
– les garçons sont gentils
– il est gentil
– il est malade

Il va conclure que quand le sujet est féminin singulier, l'adjectif s'accorde et prend la terminaison *e;* quand le sujet est un pluriel féminin, l'adjectif

s'accorde et prend la terminaison *es;* quand le sujet est un pluriel masculin, l'adjectif s'accorde et prend la terminaison *s,* et quand le sujet est un masculin singulier, l'adjectif s'accorde et ne prend pas de terminaison; il reste dans son « état naturel », sans modification.
Cette conclusion est correcte et pourrait même l'amener à dire que l'adjectif s'accorde toujours en genre et en nombre. Il pourrait ainsi faire l'hypothèse – une fois l'inférence sur les cas particuliers vérifiée et confirmée – que la conclusion est vraie dans tous les cas, et pas seulement à l'école, quel que soit l'exemple, quel que soit le nombre ou le genre, quel que soit le verbe, quel que soit l'adjectif. Il pourra donc correctement orthographier :

- les chats étaient malins
- nous fûmes étonnés

même s'il n'a jamais vu ces exemples. Une fois cette hypothèse vérifiée, il se trouve avec le produit final de son raisonnement, la généralisation, sous forme d'un mot, d'une définition, d'une règle ou d'une théorie. *C'est cette généralisation qu'il faut faire passer et stocker dans la mémoire à long terme, prête à être mobilisée et utilisée toujours et dans tous les contextes.* On est passé du particulier à l'universel, et c'est l'universel qui nous intéresse pour nos élèves. Si ce passage n'est pas fait de façon consciente et systématique – à travers l'examen d'autres exemples très variés et par la confirmation spécifique de l'enseignant ou des lectures, la règle bien comprise en classe n'est pas toujours transférée à d'autres situations.

Différence entre abstraction et généralisation

Si j'ai voulu souligner la différence entre abstraction et généralisation, souvent utilisées comme synonymes, c'est pour deux raisons.

Premièrement il y a une réelle différence dans le parcours de la pensée : l'abstraction est une opération mentale qui considère à part un ou plusieurs éléments d'une représentation ou d'un concept en négligeant les autres. La généralisation est une opération mentale par laquelle on étend à une classe entière ce qui a été observé sur un nombre limité de cas singuliers appartenant à cette classe [12].
L'élève qui n'est pas encouragé à passer de l'abstraction à la généralisation dans l'étude d'un sujet, ne va pas systématiquement le faire de lui-même. C'est une opération difficile qui demande un effort intellectuel. Dès lors que les exemples donnés sont assez proches les uns des autres et peu nombreux, il va se souvenir de la règle par rapport à ces exemples et l'appliquer uniquement dans un contexte connu. On risque d'en

12. D'après Lalande.

déduire qu'il a bien généralisé. Mais dès qu'il se trouvera dans une situation nouvelle, avec un contenu différent, il est probable qu'il ne va pas reconnaître cette situation comme étant celle où il doit appliquer la règle apprise en classe. Dans ce cas-là, la règle apprise n'a pas vraiment de valeur. C'est seulement dans la mesure où il a su la dégager des exemples particuliers qu'elle devient universelle, générale. Ayant une bonne mémoire, l'élève mémorise souvent les exemples scolaires – même nombreux – et agit intellectuellement plutôt par un processus stimulus/réponse. Mais dès qu'il quitte les sentiers battus, il s'égare. Il n'a jamais généralisé et ne sera pas capable d'opérer un transfert.

Deuxièmement, il faut faire la différence entre abstraction et généralisation en ce sens que l'abstraction qui précède la généralisation peut être une fin en soi et mener à un produit spécifique. Illustrons ceci par un exemple : si l'élève doit apprendre ce qui caractérise un individu ou un personnage littéraire ou une période historique, le résultat de cet apprentissage est bien au niveau de l'abstraction. Cependant, ce produit, cet apprentissage, n'est pas directement généralisable et ne peut l'être puisqu'il s'agit justement d'un contenu unique. Si on étudie un sujet qui est unique, on doit aussi passer par l'abstraction, mais sans arriver à la généralisation. La connaissance qui en résulte n'est pas directement généralisable mais peut devenir exemple des futurs concepts à apprendre. La connaissance de la Révolution française facilitera l'apprentissage du concept « révolution ». L'étude d'une pièce littéraire comme *Cyrano de Bergerac,* peut, par la suite, aider l'élève à mieux comprendre un concept comme « comédie ». Les connaissances singulières deviennent des exemples de concepts universels. Quand on a compris cette relation hiérarchique on a appris.

Il y a des « concepts uniques » ou « singuliers » dont il n'y a pas d'extension possible, comme « univers », et des concepts qu'on peut difficilement représenter, comme « infini ». Nous étudions cependant l'unique par le même processus que le général. On peut abstraire sans généraliser, mais pas généraliser sans abstraire.

Certains auteurs font la différence entre les deux processus en utilisant les termes « abstraction spécifiante et abstraction généralisante ». « L'abstraction scientifique est... soit une généralisation, soit une spécification : une généralisation, lorsqu'elle est dirigée vers les caractères communs à des individus dont on suppose qu'ils constituent une classe; une spécification, lorsqu'elle est dirigée vers les caractères d'individus dont on suppose qu'ils constituent une espèce d'un genre connu [13]. » Quel que soit le terme utilisé, l'essentiel est d'en faire la différence

13. Burloud, p. 322.

dans la pratique pédagogique. Dans ces conditions, nous pouvons utiliser le terme « abstraction » d'une façon plus générale, sachant qu'il inclut la spécification et la généralisation.

Le modèle cognitif peut donc être représenté par ce schéma complété :

Modèle cognitif

a. perception :	donner une signification aux sensations, distinguer des différences,	abstraction spécifiante	conceptualisation
b. comparaison :	distinguer des ressemblances en fonction d'un critère qui est de la même nature et du même niveau d'abstraction,		
c. inférence :	proposer une combinaison constante d'attributs parmi les ressemblances distinguées,		
d. vérification de l'inférence :	vérifier la constance de la combinaison dans les exemples mis à la disposition,		
e. répétition de c et d :	en cas d'échec de la vérification, modifier la proposition et faire une nouvelle vérification,		
f.	proposition d'une conclusion et sa vérification	abstraction généralisante ou généralisation	

NIVEAU DE RÉPONSE ET NIVEAU DE PENSÉE

Pour des raisons pédagogiques, il m'a paru utile de faire une distinction entre le niveau de la réponse et le niveau de l'opération mentale. Ils ne sont pas nécessairement les mêmes et ceci en fonction des connaissances antérieures des élèves.

Dans une même situation pédagogique les opérations mentales ne sont en effet pas toujours au même niveau chez tous les élèves. Quelqu'un qui connaît déjà les caractéristiques d'un concept ne va plus voir les attributs séparément mais reconnaîtra immédiatement l'ensemble et va réagir par rapport au symbole qui représente ce concept, par exemple au mot qui le nomme. Il n'est plus gêné par les attributs non essentiels car il en a déjà fait l'abstraction. Quelqu'un qui a appris le concept « rectangle » va le reconnaître dans un éclairage de forme rectangulaire au plafond; la couleur et la luminosité ne vont pas le gêner dans cette reconnaissance. Quelqu'un qui ne connaît pas le concept de rectangle peut remarquer les angles, les lignes droites, la couleur, la fonction d'éclairage ou d'autres éléments et doit être amené à abstraire la combinaison correcte d'attributs qu'il ne connaît pas encore. En fonction des connaissances antérieures les uns vont réagir par stimulus/réponse selon une perception automatique, les autres vont laborieusement découvrir la définition. Mais la réponse est la même.

Si l'objectif est d'enseigner le concept rectangle et si l'élève peut prouver qu'il le connaît déjà (aux trois niveaux d'acquisition, comme nous l'avons vu, et pas seulement en donnant la réponse correcte), autant arrêter la leçon et passer à la suite. Si l'objectif était l'exercice des processus mentaux, il faudrait changer de contenu car on ne peut partir à la découverte d'un sujet déjà connu.

La situation réelle n'est pas toujours aussi nette, mais il faut bien situer son objectif. C'est l'objectif qui détermine l'action pédagogique.

Mon objectif était de décrire, de façon concrète, les processus intellectuels qui mènent à l'abstraction et à la généralisation, et donc à la conceptualisation, afin de permettre l'élaboration d'une pédagogie qui s'efforce de les prendre en compte et de les rendre conscients à l'apprenant.

DIFFÉRENCES INDIVIDUELLES

Les processus cognitifs fondamentaux décrits ci-dessus sont universels, mais la façon d'explorer les données et de traiter l'information peut varier d'un individu à l'autre; on parle de styles cognitifs différents. Tous les individus, bien que se servant des mêmes processus de base, appréhendent, transforment et utilisent la chose perçue différemment [14]. Ces « styles » peuvent varier pour un même individu dans une situation donnée. Les travaux récents de la psychologie cognitive analysent un nombre non négligeable de styles cognitifs différents.

On retrouve ici ce que Bruner appelle des « stratégies mentales », que nous avons vues au chapitre 2 : en observant ou en écoutant, certains individus vont partir d'une idée globale *(wholist);* dans le cas du WEZ : « C'est un V », « C'est le toit d'une maison »; d'autres vont d'abord observer des attributs particuliers *(partists) :* « Il y a un point, je vois une pointe. » Cette différence individuelle de la perception est bien connue et on distingue ainsi la capacité analytique et la capacité intuitive, ou la capacité d'analyse et de synthèse. Certains auteurs font

14. Kagan J. et Kogan N., « Individual variations in cognitive processes » in *Carmichael's Manuel of Child Psychology*, Vol. I, Wiley, New York, 1970.

la différence entre le style analytique et le style thématique. C'est une autre façon de dire que l'individu, devant un contenu complexe, l'aborde soit par les détails, soit par le thème global.
Très proche de ce qu'on vient d'évoquer, on distingue la tendance qui consiste à donner une réponse rapide, sans nécessairement vérifier sa validité, de celle qui pousse à réfléchir et à examiner différentes alternatives avant de répondre. On relève la différence entre « impulsion » et « réflexion ». L'enfant impulsif ferait par exemple plus d'erreurs en lecture que l'enfant réfléchi [15].

Les travaux d'Antoine de La Garanderie nous renseignent sur les différences individuelles dans les « évocations mentales ». Ils montrent comment les individus se représentent différemment la chose perçue, comment les uns ont des « habitudes évocatives auditives », les autres « des habitudes évocatives visuelles ». De la forme d'évocation que l'élève pratique, vont dépendre ses aptitudes scolaires.

Ces différences individuelles font que tel enfant va être plus ou moins à l'aise avec tel enseignant. Sans toujours pouvoir connaître le style cognitif de chaque élève, il faudrait que la pédagogie soit suffisamment variée et souple pour que les différents individus puissent l'assimiler. Si l'enseignant n'est pas conscient de l'existence de styles cognitifs différents – y compris le sien propre – il risque de ne prendre en compte que ceux qui ressemblent au sien. Conscient de la variété des styles cognitifs, il peut aider l'élève à modifier des habitudes prises en lui montrant d'autres façons d'appréhender le monde. L'origine du style cognitif individuel n'est pas parfaitement connue. Kogan [16] remarque qu'il varie à la fois selon la personnalité et l'intelligence et que des variables comme classe sociale, sexe et pratiques éducatives des parents ont une influence incontestable. Avec l'évolution technologique d'aujourd'hui, nous assistons aussi à une influence de l'extérieur : les médias et les technologies modernes jouent sur la façon de penser et d'apprendre des jeunes enfants. A la révolution Gutenberg a succédé la révolution électronique : sera-t-elle aussi importante?

LE PROCESSUS DE L'ABSTRACTION : UN DEUXIÈME ÉCLAIRAGE THÉORIQUE

Ces différences individuelles, inscrites dans le processus universel, peuvent également être éclairées par une autre explication théorique, celle issue

15. Wallach M. et Kogan N., *Modes of Thinking in young Children*, Holt, Rinehart and Winston, New York, 1965.
16. Kogan N., *Cognitive Styles in infancy and early childhood*, LEA, Hillsdale, New Jersey, 1976.

de la neurologie : comme la psychologie cognitive, les neurosciences cherchent à comprendre le fonctionnement cérébral humain. Les méthodes sont différentes, certes, mais les résultats sont si importants pour la pédagogie qu'il me semble essentiel d'avoir autant d'éclairages différents que possible. Il serait intéressant de s'arrêter un moment pour vérifier si cette explication neuropsychologique confirme ou infirme la recherche présentée ici et de confronter ces deux théories.

La structure du cerveau humain

Comme nous le savons par de nombreuses études récentes, le cerveau a une structure à la fois verticale et horizontale : verticale par nos « trois cerveaux » primaire (reptilien), limbique et supérieur (le néocortex); horizontale par les deux hémisphères, gauche et droit, réunis par le corps calleux qui assure leur interconnexion.

Les « trois » cerveaux correspondent aux étapes de l'évolution du développement du cerveau et constituent ainsi un cerveau « triunique ».

Le cerveau reptilien contrôle d'abord tout ce qui se rapporte à la survie, aux besoins fondamentaux et aux gestes automatiques. Il ne s'exprime pas, son langage se détecte dans les comportements instinctifs et routiniers.

Le cerveau limbique, superposé au cerveau reptilien, est le centre physiologique de notre vie émotionnelle. Il a le pouvoir de détecter et de sélectionner nos perceptions. C'est lui qui détermine si un « message » inspire antipathie ou sympathie, plaisir ou ennui, sécurité ou insécurité. C'est lui qui filtre l'information qui va « monter » au cerveau supérieur, le cortex. Mais cette sélection n'est pas rationnelle. Sous l'impulsion d'affects positifs ou négatifs, le cerveau limbique peut bloquer le système supérieur empêché alors d'exercer sa fonction rationnelle. Le cerveau limbique ne s'exprime pas verbalement mais le cortex, quand il n'a pas été inhibé, peut lui servir d'intermédiaire.

Le cerveau supérieur, le néocortex, est le centre physiologique de notre vie rationnelle. Il peut décider, de façon consciente comment réagir face à des stimulations de nature différente. L'essentiel de ses informations viennent de l'extérieur par l'intermédiaire de nos cinq sens. Il peut « s'exprimer » verbalement.

Tout en ayant des dominantes différentes, ces trois cerveaux sont interconnectés et fonctionnent simultanément. Nos comportements individuels sont donc dans cette optique le résultat de la mise en jeu modulée de ces interconnexions complexes.

Pour rendre compte de la complexité du fonctionnement cérébral, il faut y ajouter les rôles différenciés des deux hémisphères.

L'hémisphère gauche est analytique, il traite l'information, quelle que

soit sa nature (et cela me semble important à noter) par éléments séparés, dans un ordre linéaire et temporel. Il comprend ainsi les langages symboliques et « s'exprime » verbalement.
L'hémisphère droit intègre simultanément l'information dans son ensemble, il procède par analogie, il s'attache à la forme, à la structure globale. Il ne s'exprime pas verbalement mais reconnaît des mots ou des symboles grâce à leur forme spatiale ou à leur intonation.
Certains « messages » se prêtent donc mieux à un traitement analytique, par exemple l'interprétation d'un message verbal, et d'autres à un traitement synthétique, par exemple la reconnaissance d'un visage.
Tout apprentissage dépend de l'interaction et du bon fonctionnement équilibré de nos trois cerveaux et nos deux hémisphères.

Rapprochement des deux explications théoriques

On peut immédiatement faire le rapprochement entre les modes de fonctionnement des deux hémisphères et les stratégies mentales analytiques et globales telles que Bruner les décrit. Le mode de fonctionnement de l'hémisphère gauche est analogue à la stratégie mentale analytique et celui de l'hémisphère droit à la stratégie mentale globale (chapitre 2).

Voyons maintenant comment notre double modèle pédagogique/cognitif *(Acquisition de concepts)*, entre dans le schéma induit par une théorie psychoneurologique :
Ce modèle donne, dans un premier temps, les consignes aux élèves, et pose, de façon linéaire, le problème. Avec ces explications successives on s'adresse à l'hémisphère gauche. Ensuite, on demande aux élèves d'observer un exemple inconnu qui représente le « problème » dans toute sa complexité (que ce soit au niveau d'un concept simple, d'une règle ou d'un théorème ou d'une théorie) et on leur alloue un temps pour réagir et réfléchir. Par analogie, en partant des connaissances et des représentations qu'ils possèdent déjà, les élèves vont maintenant avoir l'occasion d'émettre des « hypothèses » intuitives plutôt que de continuer à analyser des faits déjà organisés par l'enseignant. Autrement dit, le mode de pensée de l'hémisphère droit va être sollicité : les élèves vont « visionner » la chose, faire des inférences inductives, c'est-à-dire imaginer une solution possible au problème donné. Cette solution est un jeu de relations, une nouvelle combinaison d'éléments existants.
Une fois les hypothèses émises le travail de vérification commence : l'hémisphère gauche est au travail. Une méthode a été donnée, il s'agit de vérifier la présence constante des attributs. Si la vérification est négative, on recommence; nouvelle hypothèse, nouvelle vérification : gauche, droite, gauche droite, gauche, droite, dans une « marche en

avant » vers la découverte... à partir des indices qu'on est capable de percevoir pour construire des inférences. Différents types d'indices sont présents : mots, ordre successif et temporel (hémisphère gauche), forme, structure et relations (hémisphère droit). Plus on est apte à relever des indices variés, plus on réalise des inférences valables. A la dernière vérification positive on garde le « produit » : l'abstraction, la découverte, la création... La *forme* du résultat peut changer, mais la nature de sa construction est la même – à des degrés différents bien sûr. Ainsi la « création » passe par les mêmes processus que la découverte scientifique [17].

On peut montrer par un schéma comment le modèle pédagogique s'insère dans les deux théories :

Modèle pédagogique	*Modèle cognitif psychologique*	*Modèle cognitif neurologique*
– exposé du problème, définition de la tâche	perception, reproduction, mémorisation d'un exposé logique	dominance : hémisphère gauche
– premiers exemples	première inférence intuitive	hémisphère droit
– demande de vérification	comparaison analytique, rejet ou maintien, justification	hémisphère gauche
– nouveaux exemples	nouvelles inférences	hémisphère droit
– nouvelles vérifications	comparaisons analytiques, rejet ou maintien, justification	hémisphère gauche
– et ainsi de suite...		
– dernier exemple	hypothèse – généralisation	hémisphère droit
– dernière vérification	maintien, justification	hémisphère gauche
		Produit : Abstraction, découverte, création

17. Ici il s'agit d'une découverte guidée – dans une situation d'apprentissage scolaire – où le « produit final » est connu et où l'environnement est organisé pour faciliter la découverte; s'il s'agit d'une découverte nouvelle où la « solution » est originale (qu'elle soit scientifique ou artistique) le chercheur n'est pas encadré par l'environnement et ses hypothèses peuvent aller dans tous les sens, toucher à l'insolite et à l'inconnu, passer par des analogies et des métaphores qui, à première vue, n'ont aucun lien... pour trouver une « nouvelle réponse ». Les vérifications sont plus difficiles, il faut déterminer ses critères de choix soi-même; ils ne sont pas les mêmes pour le scientifique et pour l'artiste – mais, la nature de l'activité mentale est la même : elle passe par une alternance serrée entre la vision illuminée, la vérification et l'élaboration.

Ce double éclairage permet de constater que la méthodologie proposée peut s'inscrire dans deux explications théoriques différentes, ce qui augmente sa validité.

Conclusion du double éclairage théorique

Tout au long de cet ouvrage, j'ai souligné l'importance, pour chaque apprenant, de passer par « toute la progression mentale » définie pour chaque acquisition conceptuelle afin d'atteindre le niveau de l'abstraction et de la généralisation. C'est sûrement chose implicite dans tout « bon » enseignement depuis toujours. Mais explicite?

Réexaminer ce modèle pédagogique/cognitif en le confrontant à un autre modèle théorique, m'a fait redécouvrir une « vérité déjà vue », mais sous une lumière beaucoup plus brutale, dont les implications seraient très importantes. Et cette « illumination » m'amène à l'énoncer comme une « loi d'apprentissage » à savoir que : *pour assurer un apprentissage conceptuel, la méthode d'enseignement choisie doit nécessairement impliquer, chez l'apprenant, les deux modes de traitement de l'information dont il dispose (le mode analytique, linéaire, et le mode global, instantané)* en même temps, *par un processus quasi* « d'alternance simultanée », *c'est-à-dire où les deux phases se succèdent de façon très rapprochée dans le temps.*

C'est le « en même temps » paradoxal qui est important et qui change tout. On parle beaucoup aujourd'hui d'impliquer le cerveau entier, d'utiliser nos deux cerveaux, etc. On attire l'attention sur les effets de la télévision qui s'adresse plutôt à l'hémisphère droit et dont il faut pallier les effets par l'enseignement des mathématiques et d'autres matières scientifiques. Dans ce dernier cas, on fait une comparaison entre le *média* [18] qu'est la télévision et les *contenus* scolaires que sont les mathématiques et d'autres matières scientifiques. Ces contenus sont en général enseignés par une démarche analytique qui renforce le caractère linéaire du contenu. Par ailleurs, on trouve des livres proposant des techniques pédagogiques qui s'adressent à l'hémisphère droit que nous avons tendance à négliger. On oppose la logique scientifique à la créativité et on incite à entraîner et à développer la créativité pour compléter la logique. Bref, tout un discours actuel souligne combien il est important de s'adresser aux deux hémisphères. *Mais comme s'il s'agissait de le faire séparément, en deux temps non reliés.*

18. « Média » est ici pris dans le sens de support, de « canal » par lequel l'information passe : la télévision où l'image est « le canal » (malgré les paroles qui l'accompagnent) ou le cours magistral où la parole est « le canal » (malgré quelques illustrations qui peuvent l'accompagner). C'est au philosophe canadien Marshall McLuhan que nous devons cette expression : « Le média, c'est le message » *(The channel is the message).*

Je reviens donc à mon « en même temps », différence subtile peut-être, mais différence essentielle. Ce n'est plus le « média » en soi qui est important (image ou paroles) *mais la façon dont nous l'utilisons.*
Dans les deux cas (image ou exposé) les médias sont insuffisants. Ils renferment également un danger; l'un comme l'autre, ils « déforment » l'abstraction, chacun à sa manière. L'image risque d'empêcher la généralisation parce qu'elle ne fournit que des exemples isolés qui ne sont pas structurés en tant qu'*exemples d'un concept* (savoir). On ne comprend donc pas les liens qui unissent l'exemple à une structure formelle et le média-image ne permet pas à l'individu de reconnaître le cas général dont cet exemple est une illustration. Le média-exposé, lui, permet (au mieux) de suivre le raisonnement logique de quelqu'un d'autre, mais ne permet pas nécessairement de voir l'ensemble, de situer la structure avec, ses interconnexions, ses exemples (étiquette, attributs, exemples). Le résultat est le même : l'apprenant ne parvient pas au niveau de l'abstraction et de la généralisation. *Dans un cas on risque de laisser l'apprenant avec des exemples sans liens entre eux, dans l'autre on risque de le laisser avec un cas général dont il ne saura pas reconnaître des exemples nouveaux.*

Cela voudrait dire qu'aucune transmission de connaissance (quel que soit le canal) ne devrait être entreprise sans qu'on s'assure que les *deux* modes de traitement de l'information dont nous disposons soient sollicités *simultanément.*
Les deux modes de pensée sont interconnectés par le corps calleux et coopèrent. Oui, cela est vrai. Mais si une activité donnée s'adresse trop exclusivement à un seul des hémisphères, celui-ci est sans doute apte à empêcher ou à limiter cette interconnexion. On se trouverait dans la situation de celui qui regarderait d'abord la télévision (avec ses « méfaits ») puis écouterait un exposé – mais sans nécessairement en tirer profit, ni dans le premier cas ni dans le deuxième.

Comment expliquer alors que des élèves comprennent et apprennent malgré tout? Soit, ils ont eu l'occasion d'utiliser par ailleurs « la pensée combinée » pour tel apprentissage; soit, ils ont la capacité de transformer un mode linéaire en mode global et vice versa (transfert cognitif de leur milieu socioculturel) malgré un enseignement univoque; mais cela doit être vrai pour une minorité.
Une méthode d'enseignement devrait donc être choisie en fonction de sa capacité à mettre en œuvre simultanément les deux modes de traitement de l'information. Ceci n'est pas nécessairement une limitation au niveau pédagogique, au contraire. Même un cours magistral – par définition séquentiel et logique – pourrait être aménagé dans cette perspective. On

peut par exemple, après quelques informations, faire une pause et demander aux élèves d'imaginer une métaphore comparable au concept enseigné ou à la problématique posée, la justifier, en voir une autre, etc. On utiliserait donc le langage comme « canal » pour créer une vue d'ensemble par l'intermédiaire de la métaphore. Le temps ainsi accordé et l'alternance des opérations mentales de l'élève permettraient de traduire le message linéaire en message global et de vérifier les liens.

L'acte pédagogique serait cependant facilité et souvent plus approprié à travers une situation de découverte ou de résolution de problème. Dans une telle situation d'apprentissage on peut également faire intervenir le troisième « mode » pour se représenter les connaissances : le mode « enactif », sensori-moteur. Si on n'est pas encore capable de créer des métaphores (activité mentale complexe mais qui se cultive) on peut saisir l'ensemble, créer la vision globale par le toucher, et ensuite transformer cette sensation en image mentale (mode iconique ou mode symbolique) : on fait la chose, on voit la chose, on dit la chose.

La « loi d'apprentissage », énoncée plus haut, devrait inciter l'enseignant à ne pas choisir une méthode au hasard mais plutôt à partir d'activités qui mettent en jeu les deux modes de pensée. Ce serait en quelque sorte une pédagogie plus scientifique.

Prendre en compte les préférences individuelles est nécessaire quand la « spécialisation cérébrale » est un fait accompli; mais ces spécialisations hémisphériques ne sont-elles pas plutôt des *limitations hémisphériques* dont il faudrait essayer d'empêcher qu'elles ne s'installent dès la petite enfance? Il ne s'agit pas d'effacer les différences et de chercher l'identité de tous, mais au contraire de permettre à chacun d'utiliser au maximum le potentiel qu'il possède au départ.

LE PROCESSUS DE L'ABSTRACTION : UN TROISIÈME ÉCLAIRAGE

Ce que nous avançons pourrait encore se trouver confirmé par l'observation des récentes techniques de l'intelligence artificielle employées dans de nouveaux programmes pour l'ordinateur : les systèmes classiques de traitement de données, ayant pour base des modèles mathématiques, sont aujourd'hui complétés par des systèmes de « traitement de connaissances » ou des « systèmes experts ».

Les systèmes classiques sont limités à la résolution de problèmes décrits sous une forme mathématique binaire et séquentielle. On s'adresse à une « mémoire classique » par un code donné; celui-ci va parcourir tous les éléments contenus dans la mémoire jusqu'à ce qu'il trouve l'élément recherché qui corresponde au code. On pourrait comparer ce mécanisme à « l'exploration successive » décrite par Bruner (chapitre 2) ou au mode

de traitement de l'hémisphère gauche, séquentiel et analytique.
Dans les récentes mémoires associatives, les bases de connaissances sont activées par des « moteurs d'inférence » qu'on pourrait appeler des méthodes de raisonnement et qui confrontent une base de « faits » à des règles conditionnelles « si...alors » pour en tirer une conclusion. C'est encore le mode de pensée analytique qui est en jeu puisque les « réponses » sont contenues dans le système : comme dans l'inférence déductive que nous avons vue, la conclusion est contenue dans les prémisses. Ces « systèmes experts » sont déjà en service dans plusieurs domaines, par exemple pour diagnostiquer des maladies, pour repérer des gisements pétroliers ou pour résoudre un problème fiscal.

Les derniers systèmes de « mémoires associatives floues » vont plus loin et peuvent mettre en œuvre des inférences inductives, qui n'impliquent pas que la « bonne réponse » soit déjà incluse dans le système. C'est exactement la même capacité que l'enfant met en œuvre en déterminant que tel « WEZ » inconnu est tout de même un « WEZ », malgré les différences, et à cause des ressemblances! Une connaissance en appelle une autre (sans nécessairement avoir le « code ») par association (mode de pensée global). On approche du cerveau biologique...

L'ordinateur va donc essayer de simuler l'intelligence humaine. Il va se servir d'une combinaison simultanée des modes de pensée globale et analytique pour choisir entre différentes réponses nouvelles possibles. Pourquoi ne pas essayer de nous servir systématiquement de ces capacités « naturelles » du cerveau dans l'enseignement? Si le programmeur peut simuler l'intelligence humaine dans l'ordinateur, pourquoi l'enseignant ne pourrait-il pas stimuler l'intelligence naturelle de l'élève? Si on décrit le progrès de l'ordinateur par des expressions comme « la révolution de l'intelligence » – progrès basé sur une imitation du fonctionnement du cerveau humain – on peut se poser la question pourquoi cette même « révolution de l'intelligence » ne pourrait-elle pas s'appliquer à nos élèves?

Je pense que c'est cette découverte, cet « insight » de « l'alternance simultanée » – vérifiée par trois théories différentes – qui est la conclusion la plus importante de cette recherche. Je la rapprocherai d'une citation de Bergson qui m'avait toujours frappée :

« Il y a des choses que l'intelligence seule est capable de chercher, mais que, par elle-même, elle ne trouvera jamais. Ces choses l'instinct seul les trouvera, mais il ne les cherchera jamais. »

Bergson, *L'évolution créatrice*, PUF.

Différents domaines de connaissances évoluent et continuent à explorer la voie ouverte par la philosophie. Il semble important de se souvenir que toutes ces nouvelles connaissances sont des réponses nouvelles à des questions philosophiques posées depuis que les hommes pensent...

Chapitre 7

La métacognition[1] :

apprendre à conduire consciemment sa pensée

Tout le long de cet ouvrage il a été fait allusion à l'idée clé qui sous-tend ce travail, le besoin d'analyser et de réfléchir sur la démarche cognitive et la capacité de mettre en œuvre consciemment un raisonnement. Je propose d'appeler cette activité méthodologique la métacognition.

Une première étape la conditionne : la prise de conscience par l'enseignant d'une structure du savoir et de son élaboration afin de guider l'élève par l'acte pédagogique dans la construction de son savoir. L'élève est – au mieux – imprégné par les démarches qui lui permettent d'acquérir des connaissances au niveau de l'abstraction et de la généralisation mais ne saurait les dégager seul pour une utilisation autonome.

Une deuxième étape mène plus loin : elle conduit les élèves à prendre conscience des « méthodes de pensée » qui leur permettent effectivement de réussir pour qu'ils puissent les mobiliser volontairement dans une situation d'apprentissage ultérieure. Cette prise de conscience est réalisée par un travail de réflexion et de retour sur la démarche mentale que l'enseignant, par le choix conscient des situations d'apprentissage qu'il propose, a déclenché chez l'élève. Sans la médiation de l'enseignant cette prise de conscience par l'élève ne serait pas possible, son rôle est essentiel. C'est donc cet acte pédagogique que nous appelons la métacognition.

1. Métacognition : qui concerne l'acte de connaître.

J'ai fait ce travail d'analyse pendant des années avec les enseignants avant d'avoir un jour l'idée de le faire directement avec les élèves, les premiers concernés. Cela a été pour moi une découverte. Les résultats positifs ne cessent de me convaincre que les élèves de tous les niveaux – à leur niveau – ont besoin de conseils méthodologiques touchant à la conduite de leur pensée. La preuve : c'est à ce propos qu'on leur fait le plus de reproches à l'école! Des méthodes de travail qui sont en même temps des méthodes de pensée leur permettent d'apprendre plus efficacement, de devenir réellement autonomes dans leurs études – et d'y prendre plaisir dans la mesure où ils prennent conscience de leur propre potentiel. C'est eux qui peuvent maîtriser leur propre pensée. Il est important pour chacun d'en être conscient – et convaincu!

L'idée d'amener les élèves à réfléchir et à disposer d'une bonne méthode n'a rien de nouveau en soi : les bons enseignants ont toujours eu le souci d'amener les élèves à mieux raisonner. La tradition française a toujours valorisé une « tête bien faite » plutôt que « bien pleine ». Dans cette perspective on a favorisé l'enseignement des matières scientifiques – ou la culture humaniste, selon l'époque – en pensant qu'une approche scientifique de la pensée en serait l'aboutissement. Mais il est aujourd'hui admis qu'il n'y a pas nécessairement transfert du raisonnement appris dans un domaine – par exemple les mathématiques – à d'autres contenus.

Ce qui est nouveau, c'est d'admettre que la façon dont on apprend est plus formatrice que ce qu'on apprend et donc de systématiquement enseigner « des façons d'apprendre » susceptibles d'être réinvesties dans tout apprentissage. C'est une idée forte qui gagne du terrain : elle reflète la volonté de transmettre des outils intellectuels aussi bien que des connaissances pour que les uns comme les autres soient utilisables dans quelque domaine que ce soit et à tout moment [2].

AMENER LES ÉLÈVES À RÉFLÉCHIR SUR LEUR MÉTHODE DE PENSÉE

Dans un premier temps l'objectif de la métacognition a été d'amener les élèves à prendre conscience de la succession des opérations mentales qui conduisent à l'abstraction et à la généralisation. Il s'agissait en quelque sorte de dégager pour eux la méthode de pensée qu'ils venaient

2. D'autres travaux ou projets (différents, mais souvent complémentaires) poursuivent les mêmes objectifs : *La gestion mentale* (Antoine de La Garanderie, France), *L'enrichissement instrumental* (Reuven Feuerstein, Israël), *Le développement de l'intelligence* (Edward de Bono, Grande-Bretagne), *Aristote*, philosophie pour enfants (Matthew Lipman, USA), me sont connus. Un courant pédagogique souffle dans la direction du développement de la pensée.

d'appliquer inconsciemment, guidés par l'enseignant, et de leur montrer comment elle leur avait permis un apprentissage complet et « réussi ».

Qu'est-ce qu'un apprentissage « réussi »? Que faut-il savoir exactement? Pour clarifier cette question il a été nécessaire d'enseigner la notion de concept en tant que modèle du savoir comme prérequis. Cela a appris aux élèves que la définition complète d'un concept ou d'une règle doit contenir à la fois la dénomination, les attributs essentiels et des exemples et qu'il y a une hiérarchie entre ces éléments.

Avec de jeunes enfants nous avons approché l'enseignement de ce prérequis par un jeu : des élèves ont été choisis en fonction d'une combinaison de leurs caractéristiques (fille, cheveux courts, portant un blue-jean et un vêtement rouge) comme exemples de ce « concept » inventé. Quand les élèves ont découvert la régularité des attributs et compris la relation entre attributs, exemples et dénomination, on est passé à une autre série d'exemples et de contre-exemples d'un concept donné, selon le principe décrit. Cette procédure était poursuivie jusqu'à ce que toute la classe ait acquis le concept du « concept » et soit capable de le reconnaître dans son travail scolaire de tous les jours et d'en donner des exemples justifiés. Chaque concept sur le programme leur était systématiquement présenté en tant que concept ou règle; ce qui permettait de leur donner un grand nombre d'exemples et de faire des rappels constants des contenus organisés comme des concepts.
D'autres exercices ou « jeux » peuvent faire prendre conscience de la différence entre attributs essentiels et non essentiels. On peut par exemple demander aux élèves, individuellement, de donner le signalement de tel enfant et, en comparant les éléments retenus, de se rendre compte de ceux qui sont nécessaires pour identifier la personne en question et de ceux qui sont sans importance en l'occurrence. On peut leur proposer de décrire un objet donné et, à nouveau, de se rendre compte que tous les élèves n'auront pas observé la même chose. Qu'est-ce qui est « juste »? Selon quel critère?

Quelles que soient les activités choisies, le but est de faire prendre conscience aux élèves de « l'organisation interne » et de la généralisation des concepts. Cette première compréhension facilitera énormément leur tâche par la suite; quand on a compris qu'il faut chercher et valider les attributs essentiels d'un concept, la démarche pour y arriver se conçoit sans difficulté. La représentation qu'on se fait du « problème » facilite sa « résolution ».

Ensuite, au fil des apprentissages de concepts divers au programme, un temps a été pris après chaque « leçon » pour revenir sur la méthode de pensée utilisée. Ayant une situation concrète comme cadre de référence,

les élèves reconnaissaient et identifiaient sans mal les étapes. Après cet entraînement par la pratique il n'y eut qu'un pas à faire pour dégager le modèle. Celui-ci peut être exprimé en termes plus ou moins simplifiés selon l'âge des élèves.
Pendant cette phase de clarification chacun pouvait s'exprimer, et se rendre compte des pièges qui jalonnaient sa route et qu'il fallait éviter.
Puis les enfants ont été mis en situation d'agir de façon autonome : à partir d'un matériel sélectionné par l'enseignant les élèves travaillent seuls ou en petits groupes pour construire un concept, une règle ou une théorie. Ensuite, une mise en commun du travail a permis de vérifier l'acquisition du contenu; l'assimilation des critères qui permettent de le vérifier se fait en même temps, ce qui n'est pas moins important.
Ces activités qui permettent de dégager des conseils méthodologiques peuvent paraître fastidieuses à la lecture; c'est une fausse impression. Une fois que l'enseignant a pris conscience de l'objectif (et de son importance) et s'est entraîné à repérer les différentes opérations mentales (ou leur absence) à travers leurs manifestations observables, cela devient vite une habitude. Il n'est pas plus long d'en informer les élèves. L'intérêt que ces derniers montrent et les progrès qu'ils font paient largement de l'effort initial.
Si on peut en effet profiter de chaque apprentissage pour faire référence aux opérations mentales, il est bon de consacrer un temps spécialement prévu directement à leur étude. L'impact est d'autant plus marqué que ce travail est fait d'un commun accord dans toutes les matières. Percevoir, comparer, inférer et généraliser sont des aptitudes indispensables dans chaque discipline. L'enseignant du primaire a une position privilégiée pour en faire prendre conscience aux élèves.

DÉVELOPPER LES CAPACITÉS DE TRANSFERT

A travers ces activités de « métacognition », il est rapidement apparu que certains élèves observaient plus d'éléments que d'autres, interprétaient mieux l'information disponible, arrivaient plus vite à une conclusion correcte... Y avait-il moyen d'améliorer la performance individuelle? Ces questions ont posé le problème de la possibilité de cultiver chaque « niveau mental » : la perception, la comparaison, l'inférence et sa vérification, l'hypothèse et sa vérification. C'est une expérimentation en cours actuellement mais qui est suffisamment avancée pour que l'état présent de cette recherche puisse être communiqué.

Entraînement à la perception

Comme nous l'avons vu, la perception dépend surtout des connaissances antérieures de celui qui observe. Cela laisse entendre qu'il n'y a plus rien à faire, directement, pour que l'élève « voit mieux ». Que faire avec l'élève à qui on a demandé d'observer un objet et dont la réponse se limite à la couleur? Il est possible qu'un manque d'expérience et de connaissance ne lui permette pas de voir autre chose. Mais souvent l'obstacle est tout autre. L'élève ne voit que la couleur parce qu'il a pris l'habitude de ne regarder que certains aspects des choses. S'il savait se poser des questions pertinentes, il arriverait à dégager beaucoup plus d'informations d'un contenu donné.

Pour poser d'abord le problème aux élèves, l'expérience suivante a été faite :
Chaque élève a reçu un objet : un coquillage. Leur première tâche consistait à observer individuellement le coquillage et à marquer leurs observations sur une feuille; résultats plutôt maigres. Il y avait surtout des perceptions visuelles : « blanc », « ovale », « nacré »... C'est grâce aux questions que la classe a commencé à réagir : « Si vous touchez le coquillage, qu'est-ce que cela donne? – Est-ce qu'ils sont tous ovales, ou quelle est leur forme? – Quelle est leur couleur? Touchez la surface, comment est-elle? – Est-ce qu'il se mange, a-t-il un goût, une odeur? – Prenez-le dans la main, est-il lourd, ou léger? – Quelle est sa consistance? »
Et ainsi de suite, jusqu'à ce que chaque élève ait bien fait fonctionner ses cinq sens. Le tableau s'est rempli grâce à une participation active.

Un deuxième exercice d'« observation » s'est fait à partir d'un bref récit inventé en rapport avec l'objet. Il s'agissait d'amener les enfants à penser à d'autres aspects de l'objet, à partir de l'expérience et de l'imagination de chacun :
« Fermez les yeux... Imaginez que votre coquillage a grandi... Il a cinq mètres de hauteur. Touchez sa surface... sentez les creux, les bosses... Attention à vos mains, la surface est très rugueuse, ça pique!... Montez sur la pointe des pieds, essayez de toucher aussi haut que possible avec vos mains, plus haut encore...
« Une échelle est dressée contre votre coquillage, montez jusqu'en haut, installez-vous, regardez... Au milieu du coquillage, il y a une petite fente, juste assez grande pour entrer à l'intérieur; laissez-vous glisser le long des parois, descendez, descendez... Vous êtes dedans... Touchez les murs, sentez comme ils sont lisses... A l'intérieur il fait un peu humide, sombre. Un rayon de lumière pénètre. On entend la mer, les

vagues qui clapotent... Maintenant votre coquillage s'ouvre – sortez, sortez... lentement, ouvrez les yeux. »

En plaçant l'objet dans un contexte permettant à chacun de l'évoquer, l'accès à tout ce que l'on en connaît est facilité. En posant ensuite des questions qui visent à rappeler l'expérience que chacun a pu avoir de l'objet... « A quoi le coquillage fait-il penser?... – Quels sont les sentiments que le coquillage évoque? – Comment le trouvez-vous? Donnez des adjectifs pour le décrire... » les idées viennent; un deuxième tableau est rempli.

Une troisième consigne consiste à demander aux élèves de laisser les associations libres s'enchaîner à partir de l'évocation du coquillage. Chacun note tout ce qui lui passe par la tête; interdiction de lever le crayon. Les élèves, plutôt amusés, n'ont pas arrêté d'écrire.

Ce triple exercice avait pour but de rendre les enfants conscients du fait que, même si on n'a pas « d'idées » dans un premier temps, il y a des « méthodes » pour les trouver. On peut se poser des questions à partir des cinq sens ou à partir d'autres catégories comme la taille, la forme, ou la couleur. On peut chercher dans sa mémoire si on ne connaît rien de similaire, à quoi l'on peut comparer l'objet, et on peut examiner ses sentiments vis-à-vis de lui. Les réponses à ce genre de questions donnent une masse d'informations.
Il s'agit en quelque sorte de rendre disponible l'information contenue dans l'objet, celle à laquelle on ne pense pas, celle qu'on n'a pas l'habitude de voir. On reste souvent figé dans une pensée « catégorique » sans chercher à aller plus loin dans sa perception des choses. Ceci est vrai dans tous nos jugements, aussi bien intellectuels qu'affectifs.
C'est en revenant sur ce que nous avions fait que les élèves se sont rendu compte de la manière dont on avait procédé pour trouver l'information. Il ne s'agissait pas d'une simple observation, mais de l'examen systématique d'un objet – ou d'une idée, d'une lecture, d'un personnage, d'un chapitre d'histoire... – à travers des catégories que l'on applique à la chose à observer.

Est-ce qu'on pourrait se donner une méthode systématique pour mieux observer un objet – et par la suite une idée, une lecture, un personnage, un chapitre d'histoire, une expérience de chimie... – qui permette de l'examiner sous différents angles? Est-ce qu'on pourrait y appliquer une « grille de catégories d'observation »?
Un telle « grille » pourrait faciliter à l'élève la découverte d'un plus grand *nombre* d'idées – « fluidité » – et une plus grande *variété* d'idées – « flexibilité » –. Il a même des chances de trouver des *idées uniques*

– « originalité » – par rapport à son groupe. Fluidité, flexibilité et originalité font partie des critères de créativité [3], créativité qui peut, dans une certaine mesure, s'enseigner et s'apprendre.
En présentant ici une liste de catégories d'attributs, je tiens à souligner que celle-ci concrétise simplement l'idée de chercher à structurer l'observation et la pensée de l'élève pour la rendre plus « fluide » et plus « flexible », et lui donner une méthode pour rendre disponible l'information qu'il possède déjà mais qu'il n'arrive pas à retrouver au bon moment.
Les catégories proposées ici sont interdisciplinaires. Par la suite, on pourrait les adapter à la structure d'une matière donnée. Tout un programme pourrait être ainsi bâti à partir des questions que l'on devrait se poser en général par rapport à un contenu ou à une matière donnée. J'invite les enseignants à réfléchir à ces questions didactiques.

Pour rendre cette « grille de catégories d'observation » plus compréhensible, je vais l'appliquer à un exemple, ici un objet : une orange. Toutes les catégories ne peuvent pas être appliquées à tous les objets; dans la liste, il faut choisir ce qui convient. Pour utiliser cette grille, il faut d'abord définir son concept et voir ensuite si les attributs peuvent être organisés en catégories, et lesquelles. Voici l'exemple d'une application.
En examinant une orange, on se rend compte qu'elle n'est pas seulement ronde, forme, elle est aussi jaune, couleur, elle a une surface irrégulière, texture, et elle est mangeable, fonction. Elle mesure x centimètres de diamètre, taille, et pèse x grammes, poids. Elle est acide, goût. Elle est mûre, état, et plutôt dure, consistance. C'est un fruit, catégorie supérieure. Il y a différents types d'orange, sous-catégorie. Elle pousse dans des climats chauds, relation-lieu ou emplacement, et elle mûrit en hiver, relation-temps. Comme elle contient de la vitamine C, en manger augmente la résistance aux infections, relation cause/effet.
Le bon « observateur » aurait pu rapidement noter toutes ces observations, le moins bon aurait pu prendre la grille et arriver au même résultat. On ne peut pas penser, créer, sans éléments, sans contenu. Il est souvent utile d'avoir des listes qui nous aident à circonscrire les réalités que nous observons.
Voici donc l'exemple d'une liste possible de catégories d'attributs. Elle reste à un niveau modeste, certes, mais ces catégories m'ont toutefois paru pratiques pour habituer les jeunes enfants à observer différents aspects d'un objet ou d'une idée.

3. Torrence, *Tests of Creative Thinking*, Personnel Press, Princeton, 1966.

Catégories d'attributs
Une première catégorie d'attributs concerne les attributs physiques et observables. Ce sont les plus faciles à détecter et l'enfant qui observe en reste souvent là. En voici une liste non exhaustive :

I – Attributs physiques, observables

- taille
- forme
- couleur
- densité
- volume
- poids
- texture
- odeur
- son
- goût
- température perception degré mesuré
- nombre
- consistance
- éclat
- état

Une deuxième catégorie d'attributs concerne les attributs non physiques, non observables. Ils sont plus difficiles à détecter car il faut se poser des questions appropriées.

II – Attributs non physiques, non observables

– catégorie	classification supérieure ou inférieure
– fonction	utilité, rôle
– lieu ou place	relation entre un concept et son emplacement
– temps	existence dans le temps
– cause/effet	conséquence
– séquence	ordre dans lequel il arrive
– origine	

C'est l'objet de l'observation qui va déterminer quelles sont les questions pertinentes pour tel apprentissage. Chaque matière a ses questions propres à travers lesquelles il convient de s'interroger.

J'ai testé ces catégories auprès d'enfants âgés de huit à onze ans, en donnant à chaque enfant plusieurs exemples non identifiés de chaque catégorie. Pour les catégories physiques, il n'y a pas eu de problèmes; ce sont bien les attributs physiques qui attirent d'abord l'attention.
En ce qui concerne les catégories non physiques, des préférences ont pu être établies pour les catégories de lieu, de fonction, de catégorie et d'opinion. La catégorie la plus difficile à identifier était « cause/effet ». Mais en donnant du temps et en posant des questions élucidantes, tous les enfants ont pu identifier toutes les catégories d'attributs.
Il est évident qu'aucune conclusion ne peut être tirée à partir d'une expérience si modeste. Elle semble cependant indiquer que la préférence pour certains attributs peut être modifiée par une action péda-

gogique qui conduit les enfants à diversifier et élargir leur perception. Cet entraînement devrait être systématique et commencer en maternelle.

Illustrons ce problème de perception par un exemple observé. Dans une classe de 6e, la notion du vol en tant que locomotion a été étudiée. L'étude est faite à partir du vol de la chauve-souris. Quelques jours plus tard, lors d'un contrôle, seule une minorité de la classe savait répondre aux questions qui concernaient les caractéristiques essentielles du concept « vol/locomotion ». Les élèves répondaient à côté, se souvenant de toutes sortes de détails – mais pas des attributs essentiels. S'ils ne s'en souvenaient pas, ce n'était pas par inattention, mais parce qu'ils n'avaient jamais vraiment fait la différence entre attributs essentiels et non essentiels; c'est-à-dire qu'ils n'avaient pas généralisé. Les éléments dont ils se souvenaient n'étaient pas organisés par rapport à des catégories valables pour le concept en question, car ils ne les avaient jamais perçus par rapport à cette structure-là, mais plutôt par rapport à une structure issue de leur propre expérience, pas nécessairement utile pour cette question.

Pour généraliser il aurait fallu plusieurs exemples, mais les manuels étudient souvent un concept à partir d'un seul exemple et l'élève ne fait pas nécessairement la différence entre l'exemple donné et sa généralisation, même si on lui dit que ce qui est vrai pour tel exemple est vrai pour les mêmes espèces. Il ne suffit pas de le dire, il faut que l'élève fasse lui-même la relation. Mais pour cela – quand il s'agit effectivement d'un premier apprentissage – il a besoin de savoir quels éléments rapprocher et par rapport à quoi. Il a besoin d'être mis sur la piste pour voir « comment » il peut structurer les éléments dans l'apprentissage en cours. Dans l'exemple cité, une question relative à la fonction du vol aurait fait découvrir l'idée de locomotion. Cela peut paraître évident mais le fait est que personne ne savait exprimer cette évidence.

Au lieu de penser au vol de la chauve-souris, il faudrait retenir les catégories d'attributs qui sont importantes pour le vol en général. On revient toujours au même problème : celui qui a à sa disposition beaucoup de structures ou de schémas peut voir, entendre et retenir plus de choses. Celui qui n'en possède pas beaucoup a besoin d'aide pour les construire. Des éléments isolés s'oublient vite, mais placés dans une structure, ils sont plus facilement mémorisés. L'apprenant est plus aidé si on lui procure une structure pour « voir » et organiser les éléments que si on surcharge sa mémoire avec des éléments non structurés qu'il est incapable de retenir!

Une grille de catégories d'attributs appropriés selon l'âge et la matière étudiée est donc une suggestion pédagogique interdisciplinaire qui a sa valeur.

Une autre suggestion, plus complexe, est d'utiliser la recherche de métaphores comme moyen d'observer un contenu. Cette activité métaphorique consiste à trouver – individuellement ou par « brainstorming » – différentes métaphores possibles pour représenter tel concept et ensuite à les examiner et à préciser leurs liens communs. On peut évaluer les métaphores en déterminant pourquoi telle métaphore correspond mieux au concept en question. J'ai utilisé la métaphore avec des élèves de tout âge et avec des adultes; c'est un moyen pédagogique puissant pour préciser et structurer des connaissances et qui prépare bien à l'étude de la définition exacte qui va être dégagée par la suite.
Par une activité métaphorique on code un contenu dans une forme analogique, « iconique », permettant ainsi à l'hémisphère droit de « visionner » la chose dans une forme qui cherche à évoquer et à imiter la réalité.

Voici un exemple [4] : « Qu'est-ce qu'apprendre? »

Apprendre c'est comme monter un escalier. Je suis en bas d'un escalier. Quelque chose m'attire sur la première marche. J'ai le désir de monter. Avec ce que je suis je monte sur la première marche et trouve ce qui m'attire. Je suis satisfaite. Quelque chose m'attire sur la deuxième marche. J'ai le désir de monter. Je m'appuie sur la première marche pour monter sur la deuxième et j'y trouve ce qui m'attire. Apprendre c'est monter un escalier qui ne s'arrête pas. Mais je ne peux pas monter deux marches à la fois et si je n'ai pas bien appris à monter la première je perds l'équilibre et ne peux plus avancer.

L'apprentissage, c'est comme la construction d'un casse-tête chinois. On commence par observer tous les morceaux que l'on a; puis en faisant appel aux souvenirs d'autres expériences semblables, par tâtonnements, on essaie d'assembler les morceaux. Par déductions, par essais et erreurs, on arrive petit à petit à monter le casse-tête. Il faut sans cesse s'arrêter pour regarder où l'on en est, faire d'autres essais qui feront progresser la construction. Il faut du temps... Le résultat est quelque chose de solide, et qui de lui-même indique la réussite.

L'apprentissage, c'est comme un semis, pour qu'il réussisse il faut des graines à maturité. Il faut que le terrain soit riche et sans cailloux; que l'ensoleillement soit suffisant mais modéré, que l'arrosage

4. Métaphores proposées par les participants d'un cours intitulé « Qu'est-ce qu'apprendre » à l'Institut supérieur de pédagogie.

pour relancer la croissance arrive à bon escient, que la saison ou le milieu ambiant soit favorable et sans perturbation extérieure importante.

Entraînement à la comparaison

C'est en demandant aux élèves de faire une comparaison sur un sujet connu que je me suis rendu compte que la plupart d'entre eux étaient incapables de le faire. Ils ne connaissaient pas, de façon consciente, la structure de la comparaison et n'étaient donc pas capables de l'appliquer à la demande, même sur un sujet très simple qu'ils connaissaient bien. Ils tâtonnaient, sachant beaucoup de choses, mais incapables de les analyser et de les structurer.

Pré-test

Dans un pré-test, les consignes suivantes ont été données : « Comparez la vie à la ville et la vie à la campagne. » Entre le CP et la 3e, le résultat était à peu près le même; grosso modo on pouvait distinguer cinq niveaux :

NIVEAU 0

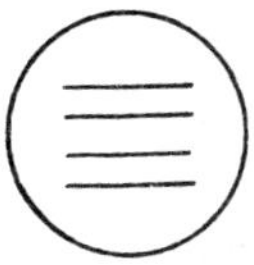

L'élève nomme des attributs ou des exemples d'un des concepts à comparer; donc pas de réelle comparaison.
Exemples : « Je préfère la campagne. C'est plus agréable. A la campagne, c'est calme. »
« La campagne est très différente de la ville. »

NIVEAU I

concept A concept B

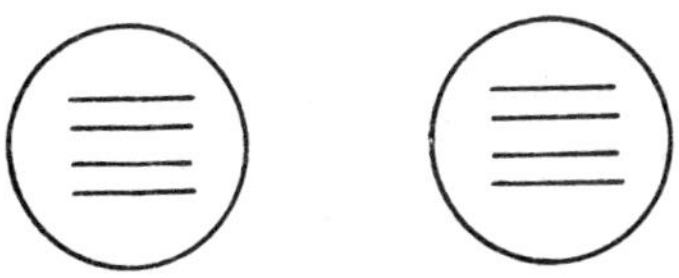

L'élève nomme, pêle-mêle, sans structure, des *exemples* des deux concepts à comparer. Cette procédure n'est pas fausse, mais incomplète.
Il s'agit plutôt d'une liste descriptive pour chaque sujet.
Exemples : « A la campagne on habite dans des fermes. Les enfants vont à l'école à pied. Il n'y a pas de métro. Il y a beaucoup de champs et des vaches et de la bouse. »
« En ville, on va au cinéma, il y a des embouteillages. Il y a des grands magasins. On voyage en métro ou en bus. »

Ou bien l'élève compare des choses incomparables dans une même phrase.
Exemples : « A la ville il y a des embouteillages, à la campagne il y a des fermes. »

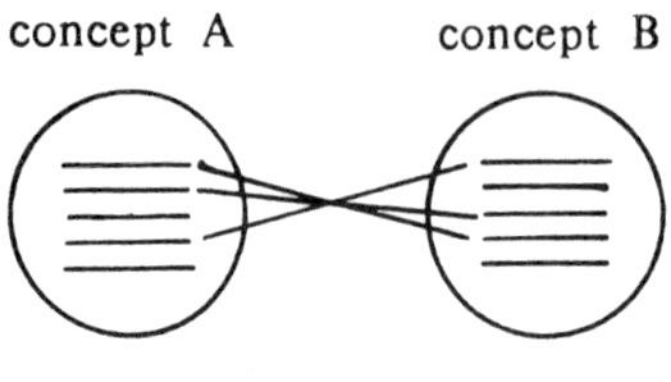

« La campagne est calme, mais il n'y a pas de magasins comme en ville. »

Il n'y a toujours pas de réelle comparaison. Des exemples de chaque concept sont nommés mais ils ne sont pas mis en relation par rapport à une même catégorie d'attributs. C'est le lecteur qui doit faire les rapprochements.

NIVEAU 2

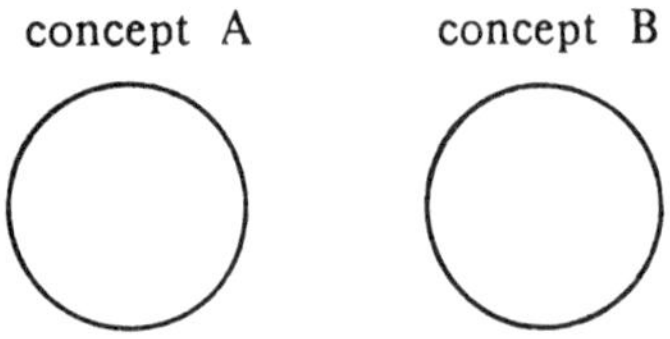

L'élève compare les concepts par rapport à une catégorie, mais ne donne pas d'exemples. Ce niveau est plus rare, surtout parmi les enfants jeunes qui pensent plus facilement en exemples concrets qu'en catégories. Quand celles-ci sont utilisées, le nombre des catégories trouvées est en général faible.
« Les habitations sont différentes à la ville et à la campagne. »
« Les loisirs ne sont pas les mêmes. »
« Il y a plus de verdure à la campagne qu'en ville. »

L'enfant qui fait, pêle-mêle, toute une liste de ce qu'on trouve à la campagne et en ville pense en termes d'exemples; celui qui compare ville et campagne par rapport à l'habitation ou par rapport aux loisirs pense en catégories plus globales. Leurs comparaisons respectives seraient plus complètes si celui qui pense en exemples les organisait par rapport à la catégorie commune, et si celui qui pense en catégories en donnait des exemples. On trouve parfois quelques exemples, très peu nombreux, de ce niveau au pré-test :

NIVEAU 3

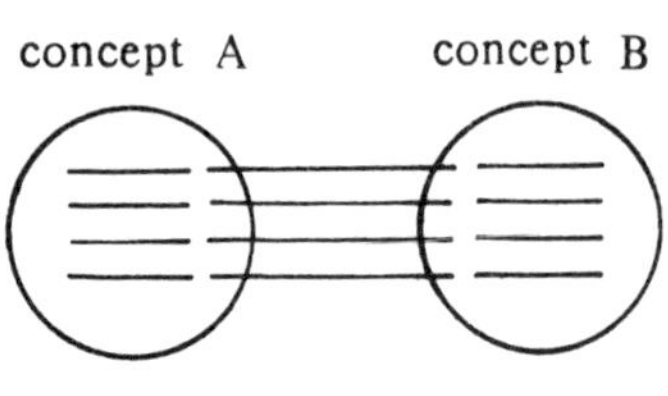

L'élève compare les deux concepts par rapport à une catégorie et en donne des exemples.
Exemples : « En ville on est plus proche de tout qu'à la campagne. Je connais des amis qui habitent la campagne; ils doivent faire 20 kilomètres pour aller à l'école, et leur père travaille à 100 kilomètres de sa maison. Moi, je vais à l'école à pied en deux minutes et mon père prend le métro pour aller au travail. »

L'élève compare les deux concepts par rapport à une catégorie et en donne des exemples. Il

NIVEAU 4

concept A concept B

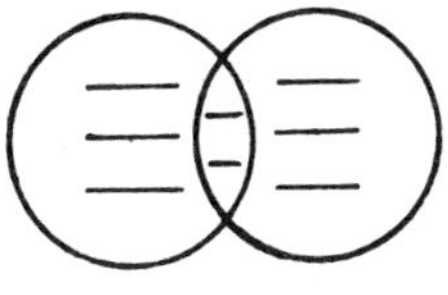

indique, en plus, s'il s'agit d'une différence ou d'une ressemblance.
« Au point de vue bruit, la ville est très différente de la campagne. A la ville on souffre du bruit : les klaxons des voitures, les sirènes de la police, le " vroom " des motos dérangent le calme. »
« A la campagne, c'est un plaisir d'écouter les chants des oiseaux, les cloches de l'église, et l'eau de la rivière qui coule. »

C'est à partir du niveau 3 que la comparaison devient intéressante : les deux concepts sont comparés par rapport à une catégorie et les exemples l'illustrent clairement. Voici encore un exemple qui montre bien la progression.

Niveau 0 — « A la campagne l'air est pur, on respire bien. C'est mieux pour la santé de vivre à la campagne. »

Niveau 1 — « En ville il y a de la fumée dans l'air et des gaz d'échappements, à la campagne c'est calme. »

Niveau 2 — « En ville l'air est pollué, à la campagne l'air est pur. »

Niveau 3 — « En ville on respire mal, l'air est pollué : les déchets de la ville, la fumée, les gaz d'échappements entrent dans nos poumons. A la campagne on respire l'air pur, nos poumons se remplissent d'oxygène et les fleurs sentent bon. »

Niveau 4 — *Idem* plus précision de la différence. Cette dernière précision peut sembler implicite et donc inutile, mais l'opération qui consiste à redistribuer les éléments dans un diagramme de Venn (voir la figure, niveau 4) permet de bien préciser leur appartenance.

Les étapes de l'expérience

C'est donc à partir de cette progression qu'un projet approfondi sur la comparaison s'est mis en place. Son but était de vérifier si un enseignement de la comparaison et un entraînement à son application sur des contenus variés pouvaient améliorer la capacité à la généraliser. Le progrès a été calculé à partir des résultats d'un test donné avant l'instruction. La différence de ces deux résultats sera donnée plus loin. Le projet a été conçu en quatre étapes.

1. *Pré-test :* mesurer l'aptitude à comparer des élèves à travers un test où on leur demande, sans autres consignes, de comparer deux concepts connus. Ils sont informés qu'il s'agit d'un projet et que le résultat ne sera pas noté.

2. *Enseignement :* deux mois d'enseignement à raison de deux à trois fois par semaine, selon la démarche décrite plus loin.

3. *Post-test :* donner les mêmes consignes qu'au pré-test et calculer les résultats selon les modalités suivantes :

4. *Évaluation :* le niveau est déterminé d'après la progression par niveaux décrite ci-dessus. S'il s'agit du niveau 1, on marque ce niveau, en ajoutant le nombre d'exemples donnés, par exemple 1/7 (niveau 1, 7 exemples). Seuls les exemples binaires sont comptés, c'est-à-dire les exemples qui sont comparables. Pour le niveau 2, on ajoute le nombre de catégories données, par exemple 2/3 (niveau 2, 3 catégories). Pour le niveau 3, on indique ce niveau, suivi de chiffres qui représentent le nombre de catégories et la somme des exemples. Par exemple : 3 : 3/6 (niveau 3, 3 catégories, 6 exemples). Pour le niveau 4, *idem :* on indique le niveau, suivi du nombre de catégories et d'exemples.

On peut évaluer ainsi les progrès de chaque élève et ceux de la moyenne de la classe. Ce progrès se mesure par rapport au niveau de comparaison atteint et par rapport au nombre d'exemples et de catégories trouvés. Dans le langage de Torrence on mesure la « fluidité » et la « flexibilité » [5]. On pourrait aussi mesurer l'« originalité » par rapport au groupe d'enfants. Un résultat de cette évaluation sera donné plus loin.

Déroulement de l'expérience

Dans un premier temps, les enfants ont reçu une formation collective à partir de plusieurs contenus différents, par exemple hiver/été, guerre/paix, mer/montagne, vie à la campagne/en ville, jeu/travail, vie au XVIe siècle/XXe siècle, deux régions géographiques, deux climats. Ces contrastes ont été choisis, d'une part, en raison du programme et, d'autre part, en raison de leur simplicité.

L'enseignement a suivi les étapes suivantes :

1. *Collecte de l'information.* Une observation collective permet de trouver un grand nombre d'éléments qui sont tous notés pêle-mêle sur le tableau. En posant des questions appropriées, l'enseignant peut

5. Torrence, *Tests of Creative Thinking*, Personnel Press, Princeton, 1966.

faciliter la recherche d'information. Le but est de trouver un maximum d'éléments pertinents.

2. *Organisation des éléments.* Une recherche collective sur ce qui va ensemble. Justification des raisons. Discussion. Négociation possible. On souligne d'une même couleur les éléments qui peuvent être classés dans une catégorie et on forme des ensembles.

3. *Recherche des dénominations des ensembles.* On donne un nom à chaque ensemble.

4. Ce même processus est répété pour le deuxième sujet. Les ensembles ainsi formés sont comparés à ceux du premier sujet. Est-ce qu'on retrouve les mêmes ensembles? Il y a en général un recouvrement partiel; s'il y a des catégories uniques, on essaie de les appliquer à l'autre sujet pour générer ainsi des critères de comparaison supplémentaires.

5. L'élève se trouve maintenant avec des couples d'ensembles où les deux sujets sont examinés par rapport à une même catégorie. Il va mettre côte à côte les deux ensembles, déterminer ce qu'ils ont en commun et ce qui est spécifique à chaque sujet et, ensuite, redistribuer les éléments dans un diagramme de Venn. Ce diagramme va lui permettre de représenter ce qui est spécifique à chaque sujet et ce qui est commun aux deux en classant l'information dans les différentes cases (voir la figure niveau 4).

Dans un deuxième temps on revient sur la démarche mise en œuvre (métacognition) : chaque étape est analysée et explicitée à partir des situations vécues. Un schéma est donné aux élèves (voir annexes), formulé selon leur âge.
Ce schéma est uniquement un support pour mémoriser les étapes d'une démarche déjà bien comprise. Bien entendu, c'est un schéma possible parmi d'autres et non pas le seul moyen pour arriver à une comparaison.
L'observation collective permet aux élèves de trouver beaucoup d'idées au départ et donne ainsi plus de matière à structurer. Comme c'est le processus de la structuration qui nous intéresse et non la vérification des connaissances, on a avantage à aider les élèves à se procurer de la « matière première ».
Une première classification individuelle suivie d'une mise en commun collective permet également aux élèves de se rendre compte de tous les aspects qu'on peut examiner. Dans une comparaison sur la mer et la montagne où chaque élève seul avait trouvé un maximum de trois ou quatre catégories, la mise en commun en a fait ressortir dix : les paysages, les animaux, les habitations, la flore, les sports, les moyens

de transport, les vêtements, le matériel, les métiers, les constructions artificielles.

Le processus de la créativité est plus productif en groupe. Le fait de se rendre compte que chaque observation – lecture, écoute – peut donner lieu à un grand nombre de points de vue constitue une prise de conscience importante.

Les élèves ont ainsi l'occasion de s'entraîner sur de nouveaux sujets en se laissant guider par le schéma. A partir d'une collecte de l'information suivie d'une classification collective des éléments recueillis, les élèves peuvent, par petits groupes, améliorer et clarifier une des catégories. Leur diagramme fini peut servir à écrire un paragraphe et une heure peut suffire pour produire une rédaction collective, riche en contenu (voir schéma de rédaction et exemple d'application en annexes).

Quand les élèves sont rompus à cette démarche, ils peuvent essayer d'utiliser cette technique seuls. Elle peut être très utile chaque fois qu'il s'agit d'obtenir un maximum d'informations, quelle que soit la situation.

Au début de l'expérience, il est assez long de parcourir l'ensemble de la démarche mais, à force de le faire, les enfants saisissent la progression et remarquent d'eux-mêmes qu'ils n'ont plus besoin de suivre par écrit toutes les étapes. Comme disait cette petite fille : « Je n'ai plus besoin de faire le diagramme, je vois tout de suite dans ma tête. » C'était justement le but recherché.

Il y a maintes occasions d'attirer l'attention sur le processus de la comparaison au cours des activités en classe. Cela aide à intérioriser le schéma.

Quand les élèves commencent à faire les diagrammes, il est utile de les corriger en classe et de leur expliquer les critères d'évaluation. Ils peuvent ainsi s'entraîner à s'autocorriger ou à faire des échanges en classe et à corriger le diagramme d'un voisin en mettant les résultats en commun. Après avoir bien compris les diagrammes sous forme d'ensembles (= concepts), les enfants ont eux-mêmes proposé d'autres diagrammes pour faciliter la disposition des exemples. Le diagramme suivant a été retenu :

Il permet de placer sur une même ligne les exemples qui se « correspondent » et de chercher des « homologues » possibles là où il y a des blancs. C'est encore une façon de produire des exemples auxquels on n'avait pas pensé.

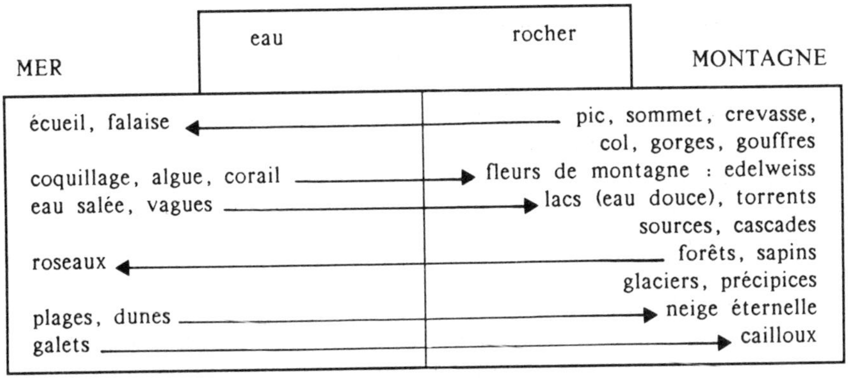

Catégorie : NATURE - PAYSAGE

Les diagrammes rendent plus claire la structure des éléments, que ce soit sur le papier ou dans l'esprit de l'élève. Si des erreurs de cohérence s'y glissent quand même, ils permettent de mieux mettre en évidence ces erreurs. Deux types d'erreurs reviennent régulièrement.

1. L'élève ne fait pas la différence entre ce qui est spécifique à un sujet et ce qui est commun aux deux. Il place l'information spécifique dans la case commune.

2. Même type d'erreur dont il faut également que l'élève prenne conscience sans encourir de reproche : il place ce qui est commun dans la case de l'information particulière.

Dans les deux cas, il s'agit d'une difficulté à généraliser : faire la différence entre ce qui est spécifique et ce qui est général. Les diagrammes font apparaître ces erreurs et facilitent leur explication.

Résultats de l'expérience

L'évaluation des résultats dans cette classe de CM2 montre un net progrès après seulement deux mois d'enseignement en début d'année scolaire. Tous les élèves, sans exception, sont passés au niveau 4, la grande majorité se trouvant au niveau 1 au pré-test.

RESULTAT GLOBAL

NIVEAU	0	1	2	3	4
Pré-test	1	27	0	2	0
Post-test					30

Des enseignants ayant participé à cette expérimentation dans leur classe rapportent que les enfants discutent plus entre eux et essaient de convaincre les autres en argumentant. Ils acceptent mieux les idées des autres et ont pris l'habitude de justifier leurs propres réponses. Une enseignante d'une classe de perfectionnement signale que les enfants se sentent tous concernés et découvrent qu'ils peuvent trouver eux-mêmes des idées en regardant bien. Ils se montrent plus curieux et ont développé leurs qualités d'observation tout en ayant gagné une plus grande confiance en eux-mêmes. Au troisième trimestre, aussi bien les élèves que l'institutrice ont l'habitude de comparer dans tous les domaines [6].
Au niveau de la maternelle le résultat a été également très satisfaisant. Le travail se faisait oralement en classe avec des symboles dessinés pour support visuel. Un schéma simplifié (à la construction duquel les enfants ont participé) a été utilisé. L'enseignante de cette grande section de maternelle a été agréablement surprise de la participation des enfants et de la rigueur qu'ils manifestent dans leur raisonnement.

Entraînement à l'inférence et à sa vérification

C'est après le stade de la comparaison que le niveau cognitif devient plus complexe. L'inférence demande qu'on dépasse l'information donnée et tire ses propres conclusions.
Dans la vie de tous les jours, les enfants font continuellement des inférences, sans s'en rendre compte. Quand Jean dit que c'est probablement son petit frère qui lui a volé son effaceur d'encre parce qu'il l'a vu sortir de sa chambre, il fait une inférence. Et quand sa sœur se dit qu'il vaut mieux mettre son imperméable car, en regardant le ciel, elle pense qu'il va probablement pleuvoir, c'est une conclusion qu'elle infère à partir d'une information donnée qu'elle interprète – à tort ou à raison. Avant de poser la conclusion, il vaudrait mieux la vérifier. Comment rendre ce processus conscient et utilisable à l'école?

Déroulement de l'expérience

Dans notre classe de CM2, nous avons procédé comme d'habitude : le concept (ici l'opération mentale, l'inférence) est enseigné par une succession d'exemples et de contre-exemples. D'abord une série d'exemples positifs à partir de situations dans le genre des enquêtes policières, des « mini-mystères » :

6. Une classe de CM2, entraînée de cette façon pendant toute l'année scolaire, a remporté les cinq premiers prix dans un concours de rédaction organisé par leur ville à la fin du troisième trimestre. Dans cette rédaction (description d'une sortie culturelle), il fallait justement montrer qu'on savait choisir une information pertinente et la structurer de façon à pouvoir la communiquer aux autres. Pour y parvenir il faut d'abord structurer sa pensée.

« Jean et Isabelle sont trouvés morts par terre dans leur chambre. La porte était fermée, il y avait du verre brisé par terre et la moquette était tachée d'eau. La fenêtre était ouverte. Qu'est-ce qui a pu se passer? »

Les enfants proposent rapidement des solutions au problème posé : « Jean et Isabelle ont été tués par un gangster qui a pris la fuite par la fenêtre. – Pourquoi le gangster les a-t-il tués? – Pour voler. – Est-ce que quelque chose a été volé? – Non. – Comment explique-t-on l'eau par terre? » Silence. Alors? L'interaction des élèves permet de déterminer si la conclusion est probable ou non selon les indices qu'on possède.

Une deuxième proposition : « Il faisait un temps terrible, Jean et Isabelle ont été frappés par la foudre et ils sont morts tous les deux. Comment expliques-tu l'eau par terre? – La pluie est entrée par la fenêtre, justement là où il y avait un grand trou parce que la vitre a éclaté et des morceaux de verre sont tombés. » La classe décide d'accepter cette version comme possible. D'autres sont proposées et examinées par ce jury qui devient de plus en plus exigeant.

Une dernière solution possible : « Jean et Isabelle sont des poissons rouges, leur bocal a été renversé, l'eau a coulé par terre et les poissons sont morts. »

D'autres exemples ludiques suivent, opposés à des exemples négatifs qui présentent des situations où il n'y a pas d'inférences : celui qui résout le problème a, soit déjà l'information d'avance, donc il ne conclut pas; soit n'a pas d'information du tout et il devine sans conclure.

Ensuite sont présentés des exemples d'inférence sous forme de problèmes à résoudre ou d'incohérences à détecter, toujours confrontés à des contre-exemples, jusqu'à ce que tous les élèves aient compris le mécanisme et puissent eux-mêmes donner des exemples simples et les justifier. Cette situation ludique a eu pour but d'introduire le niveau cognitif qu'est l'inférence.

Application à la compréhension du texte

L'étape suivante nous amène à transférer cette opération mentale à un contexte scolaire : la « compréhension du texte ». Après avoir recueilli et analysé l'information dans un texte lu, on essaie d'aller plus loin, « au-delà de l'information donnée », par des questions qui incitent l'élève à interpréter et à tirer des conclusions à partir du texte.

Exemple de texte de lecture :

La vie des enfants dans l'Antiquité

A Sparte, l'enfant n'était autorisé à vivre que si un « conseil de vieillards » le jugeait bien conformé, sinon, il était précipité dans un gouffre. A l'âge de sept ans, il était enlevé à sa mère et vivait jusqu'à

vingt ans avec des camarades de son âge sous l'autorité de moniteurs... On voulait surtout développer son corps et former son caractère. A l'occasion d'une fête, les enfants rivalisaient à qui supporterait sans se plaindre le plus grand nombre de coups de fouet...
A Athènes, au contraire, l'enfant restait sous le contrôle de sa famille. Les filles étaient élevées en futures maîtresses de maison... Les garçons grandissaient sous la surveillance de leur mère, de leur nourrice, de leur pédagogue. Ils jouaient au ballon, au cerceau, à la toupie, aux osselets; ils s'amusaient avec les oiseaux de la maison, chiens et chats, cailles apprivoisées, sauterelles même...
On leur enseignait à lire, à compter, à écrire sur une ardoise ou sur une tablette de cire, à jouer d'un instrument de musique, à chanter des chœurs. Ils apprenaient par cœur les vers des grands poètes. Ils pratiquaient la culture physique et la natation [7].
Il s'agit maintenant de poser des questions qui, par leur formulation, suscitent tel ou tel niveau de pensée.

Exemples de questions de niveaux cognitifs différents :

Perception

Niveau 1 Où se passe l'histoire? Quand est-ce que cela se passe? A quel âge l'enfant de Sparte est-il enlevé à sa mère? A quoi jouent les enfants d'Athènes? Qu'est-ce qu'ils étudient à l'école?

Comparaison

Niveau 2 En quoi la vie des enfants de Sparte est-elle différente de celle des enfants d'Athènes? Compare une journée de la vie d'un enfant de Sparte ou d'Athènes avec une journée de ta vie. Quelles sont les différences : à l'école, à la maison, dans les jeux?

Inférence

Niveau 3 Pour quel métier penses-tu que l'enfant de Sparte (d'Athènes) se prépare?
Quel type d'homme formait-on à Sparte? à Athènes?
Quels sont les objectifs de l'éducation à Sparte? à Athènes?
Si l'enfant de Sparte vivait aujourd'hui et venait en classe avec toi, quelles seraient ses réactions?
A quoi l'école de Sparte (d'Athènes) te fait-elle penser? Peux-tu évoquer une image? L'école de Sparte est comme... parce que...

Si on attire systématiquement l'attention des élèves sur les différents niveaux des questions, et si on leur donne des critères pour les distinguer,

7. D'après J. Monnier, *Histoire, classe de 6e*, Nathan.

les élèves prennent l'habitude de les reconnaître et apprennent rapidement à poser eux-mêmes des questions. Mais il faut leur donner l'occasion de s'entraîner à le faire, avec « feed-back ». Ils peuvent eux-mêmes fabriquer les questions de compréhension d'un texte (quelle que soit la matière) et les confronter par une mise en commun collective. Pendant cette mise en commun, il est aussi important de « corriger » les questions que leurs réponses et de montrer la relation entre la question et les types de réponses qu'on obtient. S'il s'agit d'une question au niveau de l'inférence, niveau 3, il est nécessaire de justifier toujours la réponse par la source d'information donnée au départ.

C'est à travers des questions productives que l'élève va s'informer toute sa vie. « Poser des questions est notre outil intellectuel le plus important... les réponses que nous élaborons dans notre cerveau restent, en grande partie, dénuées de sens, à moins que nous ne sachions les questions qui les ont provoquées [8]. » Pourtant on enseigne rarement directement cet art. Les modèles que sont *nos* questions – ainsi que les questions posées dans les manuels – restent trop souvent au premier niveau et ne poussent pas les élèves à la réflexion. Si l'élève était davantage conscient des niveaux cognitifs des questions, il tirerait plus d'information de ses lectures. Chaque matière a ses questions spécifiques qu'il faudrait connaître. On pourrait ainsi bâtir les programmes d'après un « questionnaire » approprié à chaque contenu.

L'entraînement à l'hypothèse et à sa vérification

L'hypothèse, comme nous l'avons vu, est tout simplement une extension de l'inférence. Mais il est important de marquer cette différence et de montrer à l'élève le danger de généraliser trop rapidement. L'inférence peut se vérifier à partir de l'information qu'on possède et qui est donnée en classe, tandis que la vérification d'une hypothèse dépasse en général l'expérience de l'élève. L'enseignant peut lui montrer la source de certaines lois ou vérités déjà établies ou, à travers une discussion en classe, arriver à des tentatives de vérification d'hypothèse à partir de lectures et d'expériences de la classe. (Il faut évidemment qu'il sache que le mot hypothèse prend un autre sens en mathématiques : « ce que l'on prend pour données d'un problème ou pour énoncé d'où l'on part pour démontrer un théorème ».) L'hypothèse que l'élève formule lui-même reste hypothétique et demande une vérification avant de passer au stade de « vérité établie ». C'est seulement après avoir parcouru toute cette suite ordonnée d'opérations intellectuelles qu'on peut réellement exprimer une généralisation ou un jugement de valeur.

8. Postman N., *Enseigner c'est résister*, Le Centurion, 1979, p. 194.

Chapitre 8

La formation des concepts :

une variante du modèle pédagogique

Après avoir vu deux exemples d'un premier modèle pédagogique, nous avons procédé à une première analyse de ce modèle centrée sur les actions observables, suivie d'une seconde centrée, elle, sur les processus cognitifs sous-jacents. Le chapitre suivant donnait des suggestions pédagogiques pour entraîner les élèves à mieux se servir de leurs « outils intellectuels » par la « métacognition ». Le chapitre qui va suivre se propose d'introduire un deuxième modèle pédagogique, une variante du premier, inspiré d'Hilda Taba.

LA RECHERCHE D'HILDA TABA

Hilda Taba, psychopédagogue américaine décédée, était professeur à San Francisco State College. Elle a beaucoup contribué à la prise de conscience de l'importance des pratiques pédagogiques qui visent à la fois le développement des structures cognitives et l'acquisition des connaissances. Dans son ouvrage principal [1], elle développe l'idée que pour élaborer une théorie de l'éducation, il faut suivre un plan d'action, un *curriculum* qui part des finalités de l'éducation, décrit la nature de l'apprentissage et fixe les objectifs et les moyens pour les atteindre. Le *curriculum* qu'elle propose [2] est réparti en sept étapes :

1. Taba H., *Curriculum development : theory and practice*, Harcourt, Brace, Jovanovich, Inc., New York, 1962.
2. Cité par d'Hainaut : *Des fins aux objectifs de l'éducation*, Labor-Nathan, Paris, 1977.

1. identification des besoins,
2. définition des objectifs,
3. choix des contenus,
4. mise au point des contenus,
5. sélection des expériences d'apprentissage,
6. organisation des expériences d'apprentissage,
7. détermination des méthodes d'évaluation de l'enseignement.

Ce schéma correspond bien à la structure générale de la recherche présentée ici.
Pour le moment c'est la sélection et l'organisation des expériences d'apprentissage qui nous intéressent et celle que nous allons voir maintenant est inspirée, dans un premier temps, par Hilda Taba.
Ce deuxième modèle [3], variante du premier, donne accès à l'abstraction par des activités pédagogiques différentes. Beaucoup de chemins mènent à Rome – à condition de savoir où se trouve Rome. Il n'y a pas une seule démarche valable pour enseigner des concepts : quand on connaît bien son objectif et les opérations mentales qui doivent nécessairement être impliquées, on peut varier les démarches à l'infini.

Les deux modèles visent les mêmes objectifs :

1. un entraînement à l'opération cognitive qui rend l'élève conscient du processus;
2. l'acquisition d'un contenu.

Ces objectifs différents ne sont ni contradictoires ni vraiment séparables et, par la démarche choisie, on peut lier les deux : connaissance et conscience du processus cognitif. L'un n'a pas de sens sans l'autre, la pensée ne peut pas s'exercer en dehors d'un contenu.
Dans le premier modèle, l'élève se trouve devant des exemples du concept déjà étiquetés en tant qu'exemples positifs et négatifs, tandis que, dans le deuxième modèle, il doit réagir à un ensemble d'exemples désordonnés à partir desquels il est possible de former plusieurs concepts.

Dans notre exemple précis, toujours au niveau d'une classe de CM2, le contenu consiste en trois concepts, souvent confondus par les élèves : *fait, inférence, jugement de valeur.*

3. Dans le souci de ne pas alourdir ce texte, la progression de cette démarche ne sera que brièvement décrite par comparaison à l'autre, sans analyse et exemples approfondis. C'est pourtant un modèle aussi puissant que le premier pour mener l'apprentissage jusqu'au niveau de l'abstraction.

DÉROULEMENT DE LA SÉQUENCE D'APPRENTISSAGE : « FORMATION DES CONCEPTS »

Collecte de l'information

Les élèves reçoivent un texte à lire, dans cet exemple la fable *Le chien et le loup* de La Fontaine. Le texte contient des exemples des concepts à former.

Distinction des éléments

Après lecture de ce texte et un temps de réflexion, on note sur le tableau les observations faites par les élèves. Cette réflexion peut être guidée par l'enseignant qui connaît ce qui lie le support choisi (le texte) aux concepts à apprendre. Le but de cette mise en commun est d'élucider différents aspects du texte en rapport avec les concepts visés. Cette première phase peut être plus ou moins directive selon les objectifs. Si l'acquisition d'un contenu est prioritaire, comme ici, le choix des exemples et leur éludication vont déjà mettre les élèves sur la piste des classements pertinents. C'est à partir des annotations que les définitions recherchées vont s'élaborer.

Classification individuelle et explication collective

Les élèves reçoivent chacun un « jeu de cartes » – numérotées de 1 à 10 – sur lesquelles sont écrites dix phrases ayant toutes un rapport avec le texte. Ces phrases représentent des exemples des concepts « fait », « inférence » et « jugement de valeur ». Voici les phrases que les élèves ont à classer, selon les critères qui leur semblent pertinents dans le contexte de ce qui vient d'être discuté.

1. Le chien est gras.
2. Le loup ne trouve pas la liberté du chien enviable.
3. Le chien préfère avoir un maître.
4. Rien n'est plus précieux que la liberté.
5. Le chien est content de sa vie.
6. Le chien ne voudra pas risquer sa sécurité.
7. Ce n'est pas bien de vivre hors des règles.
8. Le loup se méfie du chien.
9. Le loup pleure de tendresse.
10. Il vaut mieux avoir la sécurité.

Les élèves travaillent seuls ou en petits groupes et inscrivent leur classement au tableau. Les plus rapides peuvent proposer deux classements différents.

Temps de discussion
Le tableau rempli par différentes combinaisons de chiffres montre bien que tous les élèves n'ont pas fait les mêmes choix. On souligne les classifications les plus courantes en couleur. D'où prise de conscience de la variété de classements possibles à partir des mêmes exemples.

Explication des classements
Tous les élèves disposent les cartes selon le classement proposé par un de leurs camarades afin de bien suivre l'argumentation de son auteur. Les raisons que celui-ci donne pour justifier ses options sont notées sur le tableau sous forme d'une liste. Les élèves ayant fait le même classement confirment si c'était pour les mêmes raisons, sinon ils donnent leur propre explication.
L'auteur propose une dénomination pour ces classements.

Examen critique des classements proposés
Aucun classement n'est rejeté, toute proposition est acceptée, mais il faut par la suite en démontrer la cohérence. S'il y a incohérence il faut la corriger : soit en réorganisant les exemples, soit en modifiant la justification qui sera la future définition.

Confrontation à d'autres propositions
Le même procédé reprend. L'enseignant guide le processus par ses questions élucidantes, l'objectif étant, ici, de parvenir à un contenu précis.
Si personne n'a classé selon les critères prévus, l'enseignant peut proposer sa classification, demander qu'on en cherche les raisons et, à partir de là, dégager la définition.

Ces discussions, argumentations, négociations, accompagnées d'une réelle manipulation des exemples, c'est-à-dire des cartes, vont mener à une prise de conscience des justifications cohérentes – qui représentent donc les attributs essentiels ou la définition – des concepts ainsi formés. Ces attributs essentiels peuvent être différents selon les classifications des uns et des autres; mais l'important est de pouvoir justifier l'appartenance des exemples à une classification donnée par les critères choisis, quels qu'ils soient. Aucune classification n'est fausse, à condition qu'elle soit cohérente. Dans notre exemple le regroupement suivant était prévu :

Faits	*Inférences*	*Jugements de valeur*
1. Le chien est gras.	2. Le loup ne trouve pas la liberté du chien enviable.	4. Rien n'est plus précieux que la liberté.
9. Le loup pleure de tendresse.	3. Le chien préfère avoir un maître.	7. Ce n'est pas bien de vivre hors des règles.
	5. Le chien est content de sa vie.	10. Il vaut mieux avoir la sécurité.
	6. Le chien ne voudra pas risquer sa sécurité.	
	8. Le loup se méfie du chien.	

Résumé

On se retrouve donc avec trois concepts bien différenciés. Dans la discussion finale il est important de les comparer et de les contraster et de bien définir les caractéristiques de chacun. Des exemples supplémentaires, nombreux et variés, pris dans des contextes différents, permettront de confirmer le sens et de le généraliser.

Les élèves ont l'occasion pendant le déroulement de la séquence de vérifier leur acquis eux-mêmes. Comme chacun a pu participer activement, comparer son classement avec ceux de ses camarades, découvrir que toute réponse qu'on peut justifier est bonne, il devient possible de saisir quels sont les critères d'évaluation. Ceux-ci sont par ailleurs explicitement communiqués à la fin de la séquence. L'évaluation finale se fait à partir d'exemples inconnus et toujours en trois temps :
- savoir reconnaître le concept parmi d'autres et le nommer,
- savoir justifier son choix,
- savoir créer ses propres exemples et les justifier.

Une évaluation de transfert est à prévoir à une autre occasion.

Pour rendre les élèves conscients de leur démarche on réserve un moment pour revenir sur ce qu'on a fait, selon les principes de la « métacognition », déjà décrits dans le chapitre précédent. Une fois la démarche acquise, les élèves peuvent travailler de façon plus autonome.

Ce modèle, basé sur des classifications, n'a rien de nouveau en soi, chaque enseignant l'a probablement pratiqué. Mais on peut observer que dans la mesure où l'on n'est pas conscient des opérations mentales que la stratégie induit, on ne peut pas l'exploiter à fond, ni rendre l'apprenant conscient de sa propre démarche intellectuelle. Si on utilise une démarche de ce genre sans savoir exactement ce qu'on fait ni pourquoi on le fait, on risque de passer à côté de l'apprentissage visé. Si les classements sont « corrigés » sans que chaque élève ait formulé ses justifications, sans qu'il ait « négocié » les réorganisations possibles et sans qu'il ait vérifié si les inférences sont généralisables, la démarche n'est plus productive. Il est important de « savoir théoriser sur sa pratique ».

COMPARAISON DES DEUX MODÈLES PÉDAGOGIQUES

Sans entrer ici dans une analyse approfondie de ce deuxième modèle pédagogique, *Formation des concepts,* il est intéressant de le rapprocher du premier pour constater que des démarches différentes peuvent respecter la même hiérarchie cognitive.
La comparaison des deux stratégies montre que l'apprenant passe par les mêmes niveaux d'acquisition, les mêmes paliers tout au long de l'apprentissage : l'abstraction et la généralisation.
Dans un premier temps, il s'agit d'observer, de donner une signification à ce qu'on observe et de le nommer. L'enseignant peut participer à cette observation – lecture, manipulation, écoute – pour aider les élèves à élargir leur perception, à distinguer autant d'aspects de la chose qu'il est possible. Tout est noté pour donner un support visuel. C'est un soutien pédagogique important car ce rappel de tout ce qui a été dit permet de vérifier les inférences que chacun va faire par la suite et qu'on ne peut pas toutes garder en mémoire. Une manipulation réelle, individuelle, des exemples – quand c'est faisable – et une période de *temps suffisant* pour réfléchir, favorisent ce premier niveau d'acquisition.
Dans un deuxième temps, l'élève compare et contraste ces exemples, seul ou en groupe, ce qui va lui permettre ensuite de chercher les attributs essentiels. Dans la stratégie *Acquisition des concepts* les attributs essentiels sont ce qui caractérise un exemple positif; dans la stratégie *Formation des concepts* les attributs essentiels sont les raisons de grouper tels exemples ensemble, donc les critères communs. Quand l'élève propose une combinaison possible dans le premier cas, ou quand il rend compte de son classement possible dans le deuxième, il fait une inférence. Dans le cas du WEZ, il peut la vérifier à partir des exemples reconnus en tant que tels, dans la deuxième stratégie c'est par rapport à son choix d'exemples qu'il peut vérifier son inférence et éventuellement réorganiser ses exemples ou changer son inférence.
Après avoir vérifié l'inférence, l'élève généralise, c'est-à-dire qu'il fait une hypothèse et la vérifie. S'il s'agit de l'apprentissage d'un concept

scientifique connu, cette hypothèse est immédiatement vérifiable, sinon il faut repartir à la recherche d'une vérification.

Un concept n'existe pas seul, il fait toujours partie d'un système ou d'un réseau conceptuel. Pédagogiquement il est important de mettre en lumière ce fait. Un concept ne devrait pas s'acquérir seul, mais toujours par rapport à un contexte, par rapport aux « mots » qui font partie du même réseau ou du réseau voisin. Dans la première stratégie on fait constamment le lien avec les contre-exemples, et leur choix – fait par l'enseignant en préparant la leçon – est important car il va situer le concept dans son réseau de relations. Dans la deuxième stratégie l'élève est d'emblée mis devant un réseau de concepts dans lequel il faut mettre de l'ordre. Le choix des exemples est tout aussi important car ils contiennent implicitement les critères de classement.

Il arrive souvent que les élèves trouvent une classification proche, mais non prévue par l'enseignant et cela peut donner lieu à des discussions très éclairantes, justement dans le cadre du réseau conceptuel. C'est ainsi que, en travaillant sur la notion « d'explosion démographique », nous sommes arrivés à discuter sur des taux de natalité et de mortalité, de leurs causes et conséquences, de la famine, de l'industrialisation, du contrôle des naissances... mais toujours par rapport à l'explosion démographique. Ce n'était pas du temps perdu. Il faut cependant faire attention de ne pas laisser la définition recherchée dans le flou, mais d'y revenir en fin de leçon, oralement et par écrit.

On peut donc constater que la progression des processus cognitifs est la même dans les deux stratégies, bien que les activités de l'enseignant et des élèves soient différentes. Pour induire un certain niveau cognitif le choix des actions pédagogiques est en effet très large. « Les choix sont ouverts quant aux méthodes à poursuivre. Ce qui est essentiel, cependant, est de prévoir des comparaisons et des contrastes... parce que ce processus est nécessaire pour le développement des généralisations [4]. »

Le chapitre suivant montrera les domaines d'application des deux modèles pédagogiques et donnera ensuite des exemples d'apprentissages fondamentaux où l'on retrouve, à nouveau, les opérations mentales décrites. Il voudra convaincre le lecteur de l'utilité de la prise de conscience et de l'entraînement de ces processus pour tous ceux qui cherchent à apprendre.

4. Taba H., *Curriculum development : theory and practice,* Harcourt, Brace, Jovanovich, Inc., New York, 1962, p. 362.

Chapitre 9

Domaines d'application :

la capacité de transfert

Les domaines d'application de la méthodologie sont très ouverts : toute discipline qui tend à rendre l'apprenant plus autonome et à lui donner des connaissances authentiques gagne à pratiquer une pédagogie qui vise le développement des structures cognitives. On ne peut pas dire qu'elle convienne plus ou moins à telle matière ou à tel niveau. Il s'agit, par l'acte pédagogique, d'assurer un apprentissage qui donne lieu à un transfert. C'est le *transfert* qui est la notion centrale, transfert des connaissances certes mais, surtout, transfert des opérations intellectuelles pour rendre possible, ultérieurement, une acquisition autonome des connaissances.
Pour développer cette capacité de transfert des processus cognitifs, un entraînement conscient de ces opérations à travers *toutes* les matières et à tous les âges est indispensable.

Si l'intérêt d'une pédagogie qui favorise à la fois l'acquisition des connaissances et le développement des structures cognitives ne fait pas de doute, examinons de plus près quelles sont les situations où l'un ou l'autre des deux modèles principaux est le mieux adapté [1].

1. Ces stratégies ne sont pas des normes mais des modèles pédagogiques, élaborés pour illustrer une théorisation pédagogique; théorisation qui est en constante évolution en fonction des expériences pédagogiques et en fonction des nouvelles connaissances sur le processus de l'apprentissage. Tout comme l'élève a intérêt à revenir sur sa démarche cognitive pour évaluer ses effets (**la métacognition**) l'enseignant a intérêt à revenir sur sa pratique et l'analyser à la lumière de ce qu'elle a produit : appelons cet acte la **métapédagogie.**

MODÈLE PÉDAGOGIQUE « ACQUISITION D'UN CONCEPT »

La première stratégie, *L'acquisition d'un concept,* convient d'abord à une situation d'apprentissage où il s'agit de transmettre :
- un concept scientifique dont les attributs essentiels sont bien délimités et précis; par exemple : rectangle, nom commun, adjectif, locomotion, proportion;
- deux concepts scientifiques en opposition systématique.

Il suffit d'ouvrir un manuel quelconque pour trouver une liste illimitée de ces concepts. Ils font partie de tous les programmes, de tout contenu et de tout niveau.
Comme nous l'avons vu (chapitre 2), on peut également considérer que les règles et les théories sont structurées comme des concepts. Cette perspective augmente considérablement l'application possible des stratégies proposées qui peut s'étendre à l'enseignement des règles des théorèmes et des théories. De cette façon la règle grammaticale des accords du participe passé ou le théorème de Pythagore peuvent être traités comme des concepts et enseignés de la même façon.
Dans le cas d'un concept dont la définition est subjective (à des degrés divers) et reflète différentes opinions, comme « démocratie », « beauté », « justice », etc... cette démarche peut également convenir, à condition de prendre en compte cet aspect. On peut montrer cette relativité en choisissant une gradation dans les exemples négatifs et faire découvrir que, selon les opinions des uns et des autres, tel exemple négatif peut être considéré comme positif... pour telle ou telle raison. Encore, l'important se situe là : savoir *justifier* la réponse.

MODÈLE PÉDAGOGIQUE « FORMATION D'UN CONCEPT »

La deuxième stratégie, *Formation des concepts* est particulièrement adaptée à une situation où l'on veut :
- transmettre trois ou plusieurs concepts – scientifiques ou non – étroitement liés entre eux dans un même réseau conceptuel. Exemples :

opaque	transparent	translucide
attribut	épithète	attribution
fleuve	canal	rivière
plaine	plateau	montagne
masse	vitesse	accélération
analogie	hyperbole	métaphore
athéisme	panthéisme	déisme
honnêteté/Descartes	honnêteté/La Rochefoucauld	honnêteté/Pascal

- faire ressortir des idées clés d'un chapitre. Les éléments lus deviennent ici les exemples à classer pour former les concepts qui représentent les idées principales ou les notions à apprendre, quelle que soit la matière.
- montrer la relativité d'un concept, faire ressortir la relativité d'appartenance des exemples à une classification donnée, selon l'opinion des uns et des autres.

APPLICATIONS COMMUNES

Si les deux modèles sont respectivement mieux adaptés à des situations différentes, ils ont en commun, comme nous l'avons vu, le double but d'enseigner un contenu et un processus mental. Ce fait les rend utiles dans plusieurs contextes pédagogiques.

Ainsi ils peuvent servir non seulement à enseigner un contenu, mais aussi à évaluer ou renforcer un apprentissage déjà réalisé, que ce soit au niveau de l'évaluation finale ou de celle des prérequis. Dans ce cas, il est possible de progresser plus rapidement, avec des exemples moins nombreux, l'accent étant mis sur la justification des classements choisis. Cette utilisation est proche de celle d'un diagnostic se proposant de déterminer le niveau des connaissances et/ou le niveau et le mode des opérations mentales employées par l'apprenant avant l'enseignement d'un contenu donné ou en cas d'échec.

Dans ma propre pratique je l'ai surtout utilisé pour *illustrer* le processus cognitif, l'expliciter et en faire prendre conscience – que ce soit par l'élève en situation d'apprentissage ou par l'enseignant en situation de formation.

Cela fait donc quatre domaines d'applications :
- transmission des connaissances ayant la structure d'un concept;
- évaluation des acquisitions;
- diagnostic des processus cognitifs mis en œuvre dans un apprentissage;
- illustration du processus de la conceptualisation pour l'élève en situation d'apprentissage ou pour l'enseignant en formation (métacognition et métapédagogie).

C'est dans ce dernier contexte que le modèle proposé a eu le plus d'impact [2].

La raison essentielle de l'application très large de ce genre d'approche

2. Une enquête auprès de 660 enseignants du primaire le montre. Ces enseignants ont suivi, pendant une période de deux ans, une formation de 30 heures, comportant entre-temps des travaux d'application personnels et des possibilités de concertation. Ils estiment – dans des pourcentages très élevés – que la formation les a rendus plus attentifs aux opérations mentales des élèves et les a incités à rendre ceux-ci intellectuellement plus actifs. Des résultats similaires ont été obtenus auprès des enseignants du secondaire.

pédagogique s'explique tout simplement par le fait qu'elle essaie d'imiter les processus cognitifs essentiels pour l'apprentissage conceptuel réussi. Examinons deux exemples d'apprentissages fondamentaux dans cette perspective : l'acquisition du langage et l'acquisition de la lecture.

L'ACQUISITION DU LANGAGE

L'acquisition du langage est un apprentissage fondamental dont les mécanismes commencent seulement à être compris. On sait aujourd'hui que l'enfant n'apprend pas à parler par imitation mais qu'il construit le langage à partir de l'interaction avec l'adulte.
Selon les travaux récents de Bruner sur l'acquisition du langage [3] c'est par le jeu et donc par l'interaction sociale que le bébé apprend certaines règles cognitives et sociales. « Le langage s'acquiert en tant qu'instrument de régulation de l'activité conjointe et de l'attention conjointe [4]. » Bruner insiste sur la *fonction* du langage qui est, selon lui, celle de signaler une intention : « faire faire des choses avec des mots ». Il met l'accent sur l'utilisation du langage plutôt que sur sa forme. « Le jeu a pour effet d'attirer l'attention de l'enfant sur la communication en elle-même et sur la structure des actes dans lesquels intervient la communication [4]. » On pourrait dire que la tâche du bébé est d'acquérir le concept de structure, dont le jeu est un exemple. Pour jouer il faut apprendre les règles du jeu. Dans tous les jeux certains éléments reviennent : il y a une action, un agent, un objet de l'action, un destinataire, un lieu, une possession, etc. Ces catégories sont universelles et se retrouvent dans d'autres exemples du concept *structure :* l'action, la langue, la phrase en sont. C'est donc en jouant à « Coucou le voilà » que le bébé commence son apprentissage de la syntaxe. La voie d'accès passe par « la ritualisation » dans le jeu partagé.

Pour retrouver les règles du jeu il faut d'abord les observer, les comparer et inférer leurs relations. Cette tâche est facilitée par les indices. Bruner en distingue trois :
– les aspects de l'énoncé (intonation);
– les accompagnants de l'énoncé (montrer du doigt);
– les circonstances de l'énoncé (le contexte de l'acte de communication).
Quand le bébé, en interaction avec l'adulte, les a bien comprises, il peut changer les éléments de place : il peut devenir lui-même l'agent

3. Bruner J.S., Norton W.W., *Child's Talk*, New York, 1983, à paraître en français chez Retz : *Comment les enfants apprennent à parler.*
4. Bruner J.S, *Savoir faire, savoir dire*, PUF, 1983, p. 210 et 223.

et l'adulte l'objet de l'action [5]. Quand il a « appris » (inconsciemment) un premier exemple de « structure », il peut en apprendre d'autres – comme les règles grammaticales – par analogie. « C'est, bien entendu, grâce à la présence d'un adulte qui interprète et dont le rôle consiste moins à corriger ou créer un renforcement qu'à apporter, accroître et formaliser les énoncés tout en agissant en interaction avec l'enfant que le processus peut s'engager. Il n'y a pas imitation mais extension des règles apprises dans l'action au domaine sémiotique. Les règles grammaticales sont apprises par analogie avec les règles gouvernant l'action et l'attention [6]. »

Cette optique de l'acquisition du langage, prédominante aujourd'hui, est riche d'implications pédagogiques. Elle montre que l'enfant qui apprend à parler a besoin *d'exemples de structures* – d'abord dans l'action et le jeu, ensuite dans le langage – par exemple des phrases simples – pour pouvoir en construire le schème. C'est l'apprentissage des structures qui est prioritaire. L'adulte fournit ces exemples. L'enseignant en maternelle qui est conscient du processus de l'apprentissage fait attention aux exemples qu'il propose, allant des structures simples aux structures complexes pour permettre à l'enfant de *percevoir, comparer, faire des inférences, les vérifier, faire des hypothèses, généraliser...* Personne ne peut le faire à sa place mais il lui faut l'assistance de l'adulte dans la construction, la *création* du langage [7].

L'enseignant bien informé de ce processus s'efforcera de proposer un entraînement individuel, même bref, ne corrigera pas les fautes de l'enfant mais reprendra sa phrase en la structurant correctement. En confrontant les exemples différents, l'enfant peut réagir, comparer la restructuration faite par l'adulte, reformuler son hypothèse et corriger sa phrase lui-même. Et en structurant sa langue il va en même temps structurer sa pensée.

L'enfant qui ne peut pas profiter de l'interaction avec l'adulte – averti ou non – lui permettant la construction du langage, sera démuni, peut-être pour toujours, car il ne va pas non plus construire les schèmes d'un

5. Bruner met en doute la notion d'égocentrisme de Piaget compte tenu de l'aptitude de l'enfant à s'orienter en tenant compte d'autrui. Il considère l'enfant comme n'étant pas égocentrique dès sa première année.

6. Bruner, *Savoir faire, savoir dire*, PUF, 1983, p. 234.

7. Cette optique n'accepte pas l'hypothèse de Chomsky (tout en lui reconnaissant d'avoir rompu avec les dogmes de l'association et de l'imitation) attribuant l'acquisition du langage à un dispositif inné (*Language Acquisition Device*, LAD) qui permettrait à l'enfant de découvrir parmi toutes les langues possibles celle qui est parlée dans la civilisation où il vit. Cette hypothèse n'explique pas comment l'enfant acquiert la connaissance de la fonction du langage. Pour qu'un système LAD puisse fonctionner, il faudrait en plus, selon Bruner, un système LASS, *Language Acquisition Support System* qui permettrait à l'enfant de découvrir ce qu'est une langue et à quoi elle sert : un moyen de communication et d'organisation du monde. Pour cela un apprentissage prélinguistique des éléments qui constituent l'action (une structure) et de leur fonction est nécessaire (*Child's Talk*, Bruner, Norton & Compagny, 1983).

raisonnement logique qui mène à l'abstraction. La maternelle a ici un rôle important pour essayer de réparer de telles déficiences.
Une langue étrangère s'acquiert selon les mêmes principes. Le but de l'acquisition d'une langue étrangère devrait également être d'acquérir une autonomie verbale grâce à des combinaisons de structures langagières.

Le langage étant un moyen indispensable pour la plupart des acquisitions à venir, il ne faut pas sous-estimer l'importance de son bon fonctionnement et tout faire pour favoriser son développement. Toutes les démarches pédagogiques proposées dans cet ouvrage ont fondamentalement pour but de structurer la langue et donc la pensée.

L'APPRENTISSAGE DE LA LECTURE

Si l'on a longtemps pensé que la lecture était une opération mystérieuse et inexplicable, la psycholinguistique nous fait aujourd'hui comprendre la nature de l'acte de lire. Elle souligne d'abord l'importance de l'information non visuelle dans la lecture. « La nature de la langue écrite est telle qu'il n'est pas possible d'identifier les mots de manière univoque ni de prononcer les phrases de façon compréhensible si le sens du mot n'a pas été déterminé d'abord [8]. »
« Lire est une activité sémiotique, c'est-à-dire qu'elle vise à tirer une signification d'un ensemble de traces qui n'ont avec cette signification aucun lien direct ou évident. Ces traces sont des signes qui unissent de façon arbitraire une apparence sensible (signifiant) et une idée (signifié)... Apprendre à lire, c'est aussi apprendre à construire la signification à partir d'un prélèvement d'indices choisis. Il faut donc entraîner les enfants à effectuer très tôt ce prélèvement d'indices, qu'il s'agisse de messages verbaux ou non [9]. »
Ces analyses mettent en évidence le lien étroit entre l'apprentissage de la lecture et la démarche mentale qui mène à l'abstraction, telle qu'elle est décrite ici. « La compréhension d'un texte n'est pas le résultat passif de la réception du texte, elle est un acte d'élaboration et de construction de divers niveaux de signification [9]. »
Le lecteur regarde donc le texte pour y prélever des indices. Son choix va dépendre de ses acquis antérieurs, nous avons vu que la *perception* est sélective. Après avoir relevé des indices il va *comparer* ceux choisis aux connaissances qu'il possède déjà et en *inférer* le sens. En cas de difficulté il faut *vérifier l'inférence,* par exemple par le déchiffrage –

8. Smith Frank, *Comment les enfants apprennent à lire,* Retz, 1980, p. 35.
9. Charmeux Évelyne, *La lecture à l'école,* CEDIC, Paris, 1975, p. 30 à 32.

qui vient donc après – ou par le sens contextuel. Une erreur est utile dans la mesure où elle permet d'infirmer l'inférence et d'en élaborer une autre – et le cycle recommence. A moins que l'erreur soit pénalisée... On empêche alors le lecteur de poursuivre sa démarche mentale. Cette démarche est une « alternance simultanée » allant de la compréhension globale à la vérification analytique.
Si tel est l'acte intellectuel de la lecture, on comprend bien que son apprentissage doit permettre à l'enfant de mettre en œuvre cette succession d'activités mentales, allant de la perception à l'abstraction. Pour l'enseignant l'important serait de veiller à ce que chaque enfant puisse réellement le faire, et pour cela il faut qu'il sache identifier les étapes du processus de lecture, quelle que soit la méthode choisie. L'enfant qui ne reconnaît pas d'indices, qui n'a pas de point de repère, ne pourra pas lire. Une illustration bien choisie pourrait l'aider. L'enfant qui s'est trompé pourrait être encouragé à relever son erreur. Apprendre à découvrir son erreur est plus important que sa correction venue de l'extérieur. Ce que fait l'élève est plus important que ce que fait le maître.

Sans entrer dans le détail de toutes les matières scolaires, ce chapitre a simplement voulu montrer que certaines opérations mentales fondamentales apparaissent dans toute activité cognitive humaine et donc à travers tous les apprentissages. Des démarches pédagogiques qui consciemment cherchent à mettre en œuvre ces opérations mentales chez l'apprenant et qui vérifient leur présence sont donc applicables dans tous les domaines. Je rappelle ici l'importance d'un processus « d'alternance simultanée » (décrite dans le chapitre 6), c'est-à-dire une alternance étroitement tressée entre les deux modes de pensée globale et analytique pour traiter l'information, pour comprendre. Rendre l'apprenant conscient du fonctionnement de sa pensée c'est favoriser son efficacité.

Chapitre 10
Les valeurs implicites d'une pratique pédagogique

Le temps est venu de récapituler l'ensemble des convictions pédagogiques qui m'ont guidée tout au long de cette expérience. Qu'est-ce qui fait la valeur d'une pratique pédagogique? Que faut-il évaluer? Ces questions en appellent inévitablement une autre : à quelle fin?

Question ambiguë... car l'école doit à la fois sélectionner – voire éliminer – et transmettre des connaissances et des valeurs à tous. A cause de cette ambiguïté, il est d'autant plus indispensable de préciser les valeurs implicites ainsi que les critères d'évaluation de la pratique qu'elles induisent.

Pour formuler ces valeurs implicites, je me suis tournée vers l'œuvre de Bruner pour y sélectionner cinq thèmes qui semblaient répondre à mes propres convictions [1]. C'est donc à partir de ces thèmes que je vais réexaminer la méthodologie que je propose en la rapprochant des valeurs qui l'ont inspirée.

LA CULTURE ET LA TRANSMISSION DU SAVOIR

« Ce qui est unique pour l'homme est que son développement en tant qu'individu dépend de l'histoire de son espèce – pas de l'histoire qui est reflétée dans ses gènes et chromosomes, mais plutôt de celle qui est

1. A savoir : la culture et la transmission du savoir; les modes de représentation du savoir et des processus cognitifs; la prise de conscience des processus par l'apprenant; l'enfant comme chercheur de structures; la volonté d'apprendre.

reflétée dans une culture qui lui est extérieure et qui excède ses propres capacités. Le développement de l'intellect est alors un développement soutenu par l'extérieur. Les limites de ce développement intellectuel dépendent, en effet, de la manière dont une culture aide un individu à utiliser le potentiel intellectuel qu'il peut posséder [2]. »

Je rejoins Bruner dans cette conviction. Le potentiel intellectuel de chaque individu est là au départ, en tant qu'héritage génétique. Il n'est pas identique chez tous les individus. Mais son développement dépend de l'interaction avec le milieu social ou avec la « culture ».

La culture, dont l'école est un agent, doit transmettre des connaissances qu'elle définit, sinon elle se perd. L'école est un des principaux responsables de cette transmission et son efficacité va se mesurer aux résultats des élèves. Si les élèves échouent, c'est l'école qui a échoué. Cela ne veut pas dire que les élèves eux-mêmes n'ont aucune responsabilité dans leur propre acquisition de connaissances, mais cette responsabilité ne peut s'exercer que si l'élève est clairement informé de ce qu'on attend de lui et des méthodes de travail – et donc de pensée – à mettre en œuvre. Celles-ci se doivent d'être adaptées à son âge et permettre d'atteindre les buts définis. L'exercice de cette responsabilité revient, dans un premier temps, à l'école. Dans la mesure où l'école primaire n'a pas joué pleinement son rôle, il devient relativement difficile, dans les classes secondaires, de rattraper les lacunes concernant le contenu, certes, mais surtout le raisonnement. Culpabiliser alors l'élève à cause de son manque de méthode devient injuste et pourrait être destructeur [3]. Mais il serait encore plus grave de prendre ces lacunes « d'un stade antérieur » – quel qu'il soit – comme prétexte pour ne pas corriger ce qui peut l'être et ainsi rendre l'échec fatal. Tout ne doit pas se jouer avant dix ans, avant quinze ans.

Le savoir à transmettre peut se diviser en trois catégories principales :
- toute information qu'une société veut transmettre, les connaissances de tout genre, les savoirs et les savoir-faire;
- les démarches intellectuelles pour traiter cette information, pour acquérir ces connaissances;
- les valeurs qu'une culture tient pour importantes.

2. *The Relevance of Education*, p. 52.
3. En tant que parent d'élèves, je n'oublierai jamais l'effet qu'a eu la déclaration de la directrice de l'école primaire communale américaine où étaient alors mes enfants (Mrs Thrasher, Grafflin Primary School, Chappaqua, N. Y.) : elle a assuré tous les parents que l'école prenait la responsabilité de mener tous les élèves avec succès jusqu'en classe de 6e. S'il y avait des problèmes particuliers, elle se chargerait de trouver des solutions. Elle a tenu sa promesse. Au lieu d'être usée par les difficultés scolaires de leurs enfants, l'énergie des parents était libérée pour participer activement, en coopération avec les enseignants et de façon utile aux études de leurs enfants.

Les deux premières catégories sont des connaissances qui s'enseignent et s'apprennent. Les valeurs sont transmises de façon plus subtile.

Pour que la transmission de ces connaissances soit efficace et pour qu'une évaluation objective puisse en être faite, il faut d'abord déterminer et préciser celles-ci. En l'absence d'objectifs formulés en termes de résultats à atteindre, l'enseignant ne peut qu'interpréter subjectivement un programme. Il s'ensuit que les critères d'évaluation des acquisitions seront également subjectifs. Sachant que cette même évaluation « oriente » les élèves, parfois à vie, on ne peut que mesurer l'enjeu.

Pour transmettre les connaissances scolaires à nos élèves, il semble préférable d'inscrire cette transmission dans le cadre d'une « pédagogie par objectifs » ou « de maîtrise » [4] qui permet de réguler l'action pédagogique et de vérifier sa cohérence par rapport aux finalités et aux objectifs qu'on s'est fixés.

Le choix des méthodes est fonction de ces objectifs mais n'est pas déterminé par eux. L'enseignant est libre de ce choix, la « seule » condition étant que sa démarche respecte les stratégies d'apprentissage des élèves et le niveau cognitif visé par l'objectif. Le choix est donc subordonné au fonctionnement mental des élèves.

Tout apprentissage visant la conceptualisation doit passer par toute la succession des opérations mentales, en impliquant les deux modes du fonctionnement intellectuel du cerveau en même temps. On peut réduire le niveau de complexité du concept, mais non pas économiser sur la démarche mentale des élèves qui, elle, doit rester complexe. Quelle que soit l'approche adoptée par l'enseignant, son choix demande, à nouveau, la connaissance des processus cognitifs impliqués dans l'apprentissage (chapitre 6). Le niveau de pensée et le niveau d'acquisition de nos élèves sont ceux que le niveau de l'action pédagogique induit. Cela ne veut pas dire que l'enseignant n'a pas, lui aussi, droit à l'erreur; au contraire les erreurs nous servent d'indicateurs. Cela veut dire qu'il faut observer les effets de son enseignement et essayer de comprendre pourquoi une telle démarche est efficace ou pas, recommencer si nécessaire... c'est la métapédagogie (voir chapitre 9).

CONNAISSANCE DES MODES DE REPRÉSENTATION DU SAVOIR ET DES PROCESSUS COGNITIFS

Le fondement même de la méthodologie proposée ici est la prise en compte des processus cognitifs impliqués dans la construction du savoir.

4. Block J. et Anderson L., *Mastery Learning: Theory and Practice*, New York, Holt, Rinehart & Winston, 1971.

Ils sont respectés non seulement dans la mise en œuvre de la démarche pédagogique, mais aussi dans la définition des contenus et dans le choix des supports : les mêmes contenus vont revenir à plusieurs reprises au cours de la scolarité et il est important, justement, qu'ils passent et repassent par des modes cognitifs différents pour que les connaissances puissent être approfondies et évoluer vers une plus grande abstraction. Mais c'est à l'enseignant de définir le niveau de complexité et de déterminer comment représenter un contenu donné, en fonction des processus cognitifs et du savoir des élèves. Une pédagogie différenciée en résulte, nécessaire dans une classe hétérogène et pas incompatible avec le nombre des enfants.
L'évaluation finale suit les mêmes principes : elle mesure l'acquisition du contenu certes, mais aussi le niveau cognitif de cette acquisition. Les moyens de ce contrôle peuvent également varier. Un objectif bien précisé au départ permet, en effet, différents types de contrôle qui mesurent la progression vers cet objectif (tout comme il permet différentes démarches assurant une même acquisition). La notation, au lieu de s'exprimer en chiffres, et/ou en jugements de valeur, s'exprimerait selon une échelle qui indiquerait le niveau cognitif atteint par rapport à un contenu défini. Tel concept pourrait, par exemple, à un moment donné, être acquis uniquement au niveau de la reconnaissance, et plus tard seulement au niveau de l'abstraction. Cette précision informerait de ce qui reste à faire pour que l'acquisition soit complète. Elle rappellerait aussi que le niveau cognitif, par rapport à un contenu donné, est susceptible d'évoluer. Pour chaque matière une grille appropriée pourrait être construite.

	Reproduction	Abstraction	Généralisation, Transfert
élève A	x		
élève B	x	x	x
élève C	x	x	

Examinons maintenant deux points importants qui, selon Bruner, affectent la conceptualisation.

Premièrement, l'importance de la définition de la tâche. Elle se confirme dans la pratique : les élèves ont besoin de savoir ce qu'on attend d'eux. Ceci est vrai pour le contenu, mais, encore plus, pour le niveau d'acquisition.
Qu'est-ce qui « fait » la bonne réponse? Il ne s'agit pas d'un vague but comme « savoir sa leçon », mais de précisions claires et objectives. Au niveau de l'acquisition d'un concept, un objectif s'évalue par trois niveaux successifs d'acquisition qui correspondent aux trois éléments de la définition initiale du concept :

- savoir reconnaître le concept (la règle, la théorie) et le nommer : reproduction;
- savoir justifier cette reconnaissance en en nommant les attributs essentiels : abstraction;
- savoir générer ses propres exemples du concept en les justifiant : généralisation, transfert.

Si l'élève pense, à tort ou à raison, qu'on n'attend de lui que le premier niveau, il va s'arrêter là. Les élèves s'adaptent rapidement au niveau exigé, surtout si celui-ci est bas. Si, au contraire, l'attente se situe à un niveau cognitif élevé, il faudrait donner une chance aux élèves d'y arriver en leur communiquant les critères d'évaluation, mais aussi en leur donnant effectivement un enseignement cohérent, rendant ce niveau accessible.

Un deuxième facteur qui conditionne la conceptualisation est l'importance des exemples du concept que l'élève rencontrera au cours de l'apprentissage. Cette question paraît en effet primordiale, car ce sont ces exemples qui vont permettre à l'apprenant de construire le sens du concept. C'est pourquoi une grande importance a été donnée aux critères de choix des exemples dans ce modèle pédagogique (voir chapitre 4).
S'il est confirmé que l'apprentissage passe par nos trois modes de représentation – sensori-moteur, visuel et symbolique – et dans cet ordre, cela signifie que l'image précède le symbole (même si le langage, comme Bruner le montre, est présent pendant cette étape pour expliciter l'image, et ainsi servir de médiateur pour atteindre le niveau symbolique). Dans ce cas, les « images » (les exemples concrets) que nous fournissons aux élèves, ou que nous les aidons à trouver, seront d'une extrême importance pour arriver à l'abstraction.

Si on s'appuie sur une autre théorie pour expliquer ce processus, celle de l'interaction nécessaire des deux hémisphères du cerveau – l'hémisphère droit perçoit dans son ensemble « l'image » que l'hémisphère gauche interprète – l'importance de ce choix ne fait que se confirmer.

Des exemples imparfaits – ou une absence d'exemples – peuvent induire l'élève en erreur ou nuire à l'abstraction [5].
Le choix, le nombre et l'agencement des exemples et des contre-exemples, jouent donc sur le processus de l'abstraction. Les contre-exemples ne sont pas moins importants, même si l'apprenant a naturellement tendance à les éviter. Sachant cela et sachant que les exemples négatifs apportent beaucoup d'information indirecte, il importe d'autant plus d'inciter l'apprenant à les utiliser en lui montrant comment et en lui expliquant pourquoi.

Ayant expérimenté différentes façons d'élaborer les contre-exemples, celle proposée (voir chapitre 4) me semble actuellement donner les meilleurs résultats : elle permet, par l'effet de contraste, d'attirer systématiquement l'attention de l'élève sur chaque attribut essentiel. Au fur et à mesure que celui-ci détermine un attribut puis un autre, il peut se servir de cette définition partielle comme un acquis et donc la confirmer à travers des exemples nouveaux, tout en continuant à induire les attributs manquants. C'est une économie cognitive que de pouvoir « ranger » une partie de la solution dans sa mémoire et de ne pas avoir à la redécouvrir pour chaque exemple. Cela a été pour moi une découverte de constater ce va-et-vient entre l'induction et la déduction lors d'une démarche dite inductive; l'enseignant peut faciliter et montrer ce processus en donnant un support visuel et auditif à la mémoire.
Ce support peut consister à noter, dans un premier temps, toutes les propositions des élèves, à souligner et à rappeler oralement, au fur et à mesure du déroulement de la leçon, les constantes qu'on décide de retenir comme faisant partie des attributs essentiels. Ce support évite également de surcharger la mémoire et permet de garder la trace des propositions qui n'ont pas été retenues comme attributs valables. Il évite ainsi de refaire les mêmes erreurs par oubli et permet de prendre en compte plusieurs « stratégies mentales » individuelles, sinon les élèves seront limités aux stratégies « lentes mais sûres » (voir chapitre 2). C'est donc un support pédagogique important qui résout les difficultés auxquelles se heurtent certaines stratégies mentales spontanées.

Connaître plusieurs styles cognitifs spontanés permet également à l'enseignant d'encourager l'utilisation d'une stratégie autre que celle que l'élève pratique si celle-ci n'est pas satisfaisante. Il peut ainsi conseiller à celui qui ne « quitte » pas les attributs isolés (stratégie analytique) de tenter unc combinaison possible des attributs en lui rappelant la démarche pour la découvrir (chercher la combinaison constante). A l'élève qui

5. Que l'image porte le sens et que les idées abstraites soient alimentées par elle est une idée force chez Antoine de La Garanderie, voir bibliographie.

fait des synthèses provisoires rapides (stratégie globale), il peut conseiller de les vérifier par la présence de la combinaison constante d'attributs dans chaque exemple. C'est également une façon de rappeler qu'il faut se servir de nos deux modes de pensée simultanément : la pensée analytique, linéaire et la pensée synthétique, globale.

Donner un temps à la réflexion personnelle au début de la démarche, – autre « technique » pédagogique qui fait partie des consignes – permet aux élèves d'exprimer leurs premières intuitions et à l'enseignant de prendre connaissance non seulement de leurs représentations mais aussi du mode cognitif qu'elles traduisent (action, image, langage). C'est une information pertinente pour l'enseignant à partir de laquelle il orientera la suite de son action.

C'est sur le temps justement que portent régulièrement les objections des enseignants. Mais si l'objectif pédagogique est un apprentissage au niveau de l'abstraction – avec possibilité de transfert – comment peut-on faire l'économie du temps? Nous demandons de la part de nos élèves une réflexion et nous ne voulons pas leur donner le temps nécessaire... Il vaudrait mieux diminuer les programmes parfois inutilement surchargés, et déterminer les priorités dans chaque matière afin d'assurer efficacement l'acquisition des connaissances.

Je soutiens aussi qu'un modèle pédagogique qui vise le niveau de l'abstraction n'est pas nécessairement très coûteux en temps. Ce qui peut être long, et je pense que c'est cela qui effraie l'enseignant dans un premier temps, c'est l'intégration, par lui, de ce qu'il implique. Une fois que l'enseignant est conscient des opérations intellectuelles nécessaires pour atteindre l'abstraction et qu'il reconnaît leurs manifestations, il n'est pas plus long de veiller à ce que l'apprenant les mette en œuvre; et quand l'apprenant les a lui-même intégrées, il a de moins en moins besoin de ce guidage. Le rôle de l'enseignant change : il n'est pas, d'abord, d'exposer des connaissances, mais d'assister l'élève dans l'élaboration de celles-ci. C'est en aidant l'élève à structurer les éléments pour qu'ils prennent du sens, que l'enseignant lui est le plus utile. L'interaction verbale avec les camarades, le *« conflit cognitif »* est également un instrument qui permet, par la confrontation des représentations, d'approfondir la compréhension. Le langage ne rend pas seulement compte de la pensée, il participe à son élaboration même.
Le conflit cognitif est sans doute présent dans la vie quotidienne de chacun, au hasard des rencontres. C'est par ce conflit que nous sommes amenés à redistribuer et adapter les connaissances déjà acquises dans notre structure cognitive pour y intégrer les nouvelles. Ces confrontations

verbales peuvent être suscitées et guidées par l'enseignant, à travers un choix de supports pédagogiques, d'exemples, de questions pertinentes et d'occasions prévues pour que les élèves confrontent leurs représentations et les rectifient en argumentant entre eux [6].

PRISE DE CONSCIENCE DES PROCESSUS PAR L'APPRENANT

Pour que l'élève puisse mobiliser, dans ses études, des processus cognitifs dont il se sert déjà spontanément dans la vie de tous les jours, il faut qu'il en prenne conscience; il ne le fera pas automatiquement. La plupart des élèves ont besoin, non seulement qu'on leur précise ce qu'on attend d'eux, mais qu'on leur indique également les moyens d'atteindre ces objectifs.
Un apprentissage au niveau de l'abstraction et de la généralisation passe et repasse par des étapes qu'on ne peut sauter et par des modes différents qu'on ne peut ignorer; l'apparition de ces étapes est largement facilitée si les élèves en prennent conscience. Il s'agit, en quelque sorte, de leur dévoiler leurs propres « stratégies d'apprentissage ». C'est la **métacognition** (chapitre 7) : un retour sur et une explication de ce qui a rendu possible l'apprentissage pour que l'apprenant en prenne conscience. C'est aussi une façon de développer chez l'enfant le respect de ses propres capacités intellectuelles, ce qui me paraît très important et souvent oublié. « La plupart des têtes (y compris les têtes d'enfants) contiennent plus que nous ne le pensons habituellement et plus que nous ne sommes disposés à utiliser. Il nous faut persuader nos élèves qu'il y a dans leur tête des modèles implicites qui sont utiles [7]. » La métacognition devient ainsi un entraînement de l'intelligence et de la capacité d'apprendre. L'expérimentation m'a confirmé les hypothèses, largement admises aujourd'hui, que l'intelligence n'est pas une faculté figée (quelle que soit la définition qu'on veuille lui donner).

Le modèle cognitif proposé (chapitre 6) se veut un outil pédagogique propre à remédier aux carences constatées au niveau de la perception, de la comparaison, de l'inférence, de sa vérification et de la généralisation. Les résultats obtenus ont été très encourageants et l'expérience mériterait d'être étendue à un plus grand nombre d'enfants et sur une période plus longue.

6. Les recherches récentes des successeurs de Piaget soulignent la « fécondité du conflit sociocognitif » : Mugny, Doise, Perret-Clermont, « Conflit de centrations et progrès cognitif », *Bulletin de psychologie* nº 29, 1976.
7. Bruner J.S., *The Relevance of Education*, p. 72.

L'ENFANT COMME CHERCHEUR DE STRUCTURE

L'homme organise son monde en y mettant de l'ordre. Cet ordre est donc inventé par lui, et c'est cet ordre-là (différent selon les cultures) que le « petit homme » doit découvrir. L'enseignant peut faciliter la découverte de cette structure s'il choisit et organise à l'avance les éléments pour que l'élève puisse relever les constantes, comprendre les relations et donc établir la structure. A partir de ce qu'il sait déjà, l'élève pourra intégrer le nouvel apprentissage – quel que soit son âge. Il ne faut pas que notre enseignement l'empêche d'élaborer cet ordre lui-même. « Nous n'enseignons pas une matière pour produire des petites bibliothèques vivantes sur le sujet, mais plutôt pour amener l'élève à penser mathématiquement, pour son profit personnel, à considérer les événements comme le fait un historien, à prendre part au processus de l'élaboration des connaissances. **Connaître est un processus et non pas un produit** [8]. »

Pour l'enseignant, une façon concrète de prendre en compte le processus de la structuration est de cerner les attributs essentiels d'un contenu, puis d'en déterminer les interrelations, avant de commencer « la leçon ». Ce travail préparatoire « d'analyse de la tâche » est indispensable pour pouvoir, par la suite, choisir les exemples pertinents et formuler les questions élucidantes visant justement la structuration des attributs essentiels par l'élève. C'est l'omission la plus fréquente que j'ai pu observer lors de la formation permanente des enseignants, à tous les niveaux : **rendre le contenu transmissible.**

Il s'agit, d'une part, de *déterminer les attributs essentiels* (en prenant en compte ce que les élèves savent déjà), et ne pas alourdir inutilement la définition par des juxtapositions ou des éléments disjonctifs (soit/soit) qui n'ajoutent rien et, d'autre part, de *structurer ces attributs par rapport à leur niveau d'abstraction* (voir chapitre 2 et chapitre 5). Il s'agit de mettre de l'ordre dans les définitions, de ne pas confondre attributs et exemples, ou de mélanger les deux. Cette structuration rigoureuse du contenu, faite à l'avance par l'enseignant pour aider l'élève à établir les relations et donner du sens au contenu à apprendre, est le point de départ indispensable. Les élèves ont besoin de l'adulte surtout pour les aider à donner du sens à l'information déjà débordante et, à première vue, désorganisée. Son rôle d'intermédiaire est indispensable. Dans cette optique, l'apprentissage dépend plus de l'action pédagogique que de la « maturité » déterminée par l'âge.

La notion de maturité ou de « *readiness* » (« être prêt à ») a été introduite dans les années trente notamment par Gesell (1928), affirmant déjà

8. Bruner J.S., *Toward a Theory of Instruction*, 1966, p. 72.

qu'il ne fallait pas enseigner quelque chose à un enfant avant qu'il ne soit suffisamment mûr pour profiter de cet enseignement. Bruner nuance cette proposition en ajoutant que cette maturité peut être « enseignée » ou provoquée si on prévoit les occasions de la favoriser. La maturité dans le sens adopté par Bruner consiste en la maîtrise des compétences plus simples qui permettront d'accéder à des compétences plus complexes. Selon lui, le développement intellectuel n'est pas réglé comme une horloge mais influencé par le milieu social, notamment par l'école.
Cela veut donc aussi dire qu'une expérience ou une situation d'apprentissage appropriée permettrait à l'enfant d'être mûr avant l'âge. Si l'enfant est prêt à recevoir une idée donnée et si on arrive à la lui présenter de façon à ce qu'il puisse comprendre, ce n'est pas l'âge en soi qui sera un frein. Le contraire peut être tout aussi vrai : un enfant ayant dépassé l'âge requis peut ne pas être prêt à recevoir ou à comprendre une idée donnée. Il ne suffit pas d'attendre l'âge. Dans cette optique la maturité est une question pédagogique [9].

LA VOLONTÉ D'APPRENDRE

Et si malgré tout cela l'élève n'est pas « motivé »?
Il y a des cas où la pédagogie, quelle que soit sa nature, ne donne pas les résultats escomptés; on ne parvient pas toujours à déterminer la cause de ces échecs et à y remédier. Mais, personnellement, je suis optimiste sur ce point et je pense que les cas irrémédiables sont très rares.
Quelle est la clé de la réussite?
Premièrement, le *succès :* la meilleure façon de convaincre quelqu'un qu'il peut réussir, c'est de le lui prouver; il faut donc organiser l'enseignement pour que chaque élève puisse réussir quelque chose. Ce qu'il réussit est moins important que de réussir afin de vivre l'expérience de la satisfaction liée au résultat de l'activité ou à l'activité elle-même. C'est la *motivation intrinsèque.* Certains élèves ne l'ont jamais éprouvée à l'école. Je pense d'abord aux jeunes élèves des classes primaires, à l'âge où l'image de soi va se construire. Ce sont toujours les mêmes élèves de la classe qui sont bons – et les mêmes qui sont faibles – parce

9. Il est intéressant de prendre connaissance des résultats des expériences du Dr. Glenn Doman, fondateur de l'Institut pour le développement du potentiel humain de Philadelphie, USA, qui montre des apprentissages possibles de la lecture, des mathématiques et des contenus « encyclopédiques » par des très jeunes enfants, de 1 à 7 ans. Quel que soit le point de vue qu'on puisse avoir sur ces apprentissages précoces, ces témoignages incitent à réfléchir sur les idées reçues au sujet des âges auxquels il faut commencer divers apprentissages.
Glenn Doman, *J'apprends à lire à mon bébé : lire avant 4 ans*, Retz, 1978; *Enfants : le droit au génie*, Hommes groupes éditeurs, 1986.
A lire aussi : Rachel Cohen, *Découverte et apprentissage du langage écrit avant six ans*, PUF.

qu'on les compare les uns aux autres en distribuant les notes selon la moyenne de la classe, sans toujours tenir compte des critères inhérents à l'objectif (en supposant que l'objectif ait été formulé).
Chez les élèves plus avancés en âge, la fonction non explicite de l'évaluation peut également être une cause de découragement et même d'abandon définitif. Une situation fréquente en témoigne : l'habitude de contrôler autre chose que ce qui a été enseigné en classe, au niveau du contenu certes, mais surtout au niveau de la complexité des processus mentaux. Bien sûr, on peut vouloir mesurer « autre chose ». Mais quoi exactement? Selon quels critères? Dans quel but et dans quelles conditions? Ne faudrait-il pas répondre à ces questions avec précision avant de mettre en œuvre des outils d'évaluation qui par les élèves sont ressentis comme une hypocrisie? L'évaluation est au chœur du problème car logiquement elle devrait représenter ce qu'un système scolaire souhaite obtenir des élèves. Mais les méthodes d'enseignement précèdent l'évaluation et conditionnent ses résultats. A condition, évidemment, que l'évaluation mesure effectivement ce qui a été enseigné.
Quand le sentiment d'échec s'est installé dans les esprits, il est difficile de modifier les attentes négatives que les élèves ont d'eux-mêmes tout comme l'enseignant (et peut-être les parents). Elles sont suffisantes pour bloquer l'apprentissage en bloquant la disponibilité intellectuelle [10]. Nous savons le rôle important que joue notre affectivité dans l'acquisition des connaissances : l'intégration de nouvelles données est fonction d'associations émotionnelles [11].
Le sachant, nous ne pouvons négliger ce facteur affectif dans l'acquisition des connaissances, surtout à des âges où la confiance en soi va, ou non, s'instaurer. Il ne faut pas oublier que l'enfant construit sa personne en même temps qu'il construit son savoir.

Les démarches proposées ici permettent, comme nous l'avons vu, de formuler des objectifs à différents niveaux cognitifs qui peuvent être communiqués aux élèves. Ainsi, ceux-ci seront notés objectivement par rapport à ces objectifs – acquis, ou non acquis – qui

10. Bloom estime que le facteur affectif (ce que l'élève attend de lui-même), un des trois facteurs qui conditionnent l'apprentissage, interviendrait à 25 % dans la réussite. Les deux autres facteurs étant les méthodes que l'enseignant utilise : 25 %, « l'état d'entrée cognitif » : 50 %. Selon lui, 95 % des élèves d'une classe peuvent réussir au niveau de la maîtrise si on prend en compte ces trois facteurs (Bloom, *Caractéristiques individuelles et apprentissages scolaires*, Nathan, 1979).
11. Gabriel Racle fait l'hypothèse que la motivation n'est pas autre chose qu'une stimulation limbique qui fait aller vers un événement, un objet, un apprentissage parce qu'il est perçu comme désirable ou de nature à satisfaire des besoins de l'individu. Il montre ainsi que la motivation n'est ni un état inné du récepteur ni une réaction volontaire, mais plutôt un mécanisme à base physiologique qui s'exerce à deux niveaux : un niveau spécifique qui oriente vers un objet précis (désirable) et un niveau non spécifique qui garantit un état d'activité générale de l'organisme suffisant pour réagir aux stimuli extérieurs. Dans cette optique la motivation est un mécanisme du type action/rétroaction qu'il faut entretenir ou déclencher de l'extérieur (*La pédagogie interactive*, Retz, 1983).

correspondent effectivement à la situation d'apprentissage proposée [12].
J'ai pu constater le changement d'attitude induit par cette pratique en observant des élèves qui avaient été soumis aux deux systèmes d'évaluation pendant des périodes d'une certaine durée. C'était convaincant.

Un autre facteur important pour la motivation est le degré de signification ou de sens que l'apprentissage proposé apporte à l'élève. Je rejoins ici Carl Rogers dont l'analyse est toujours valable [13] : « Et pourtant, dans l'immense majorité de nos écoles et à tous les niveaux, nous nous trouvons bloqués dans un système traditionnel et conventionnel, qui rend peu probable, sinon impossible, un apprentissage signifiant.
« Si nous réunissons dans un même ensemble, des éléments tels qu'un programme obligatoire, l'identité des tâches pour tous les étudiants, l'exposé magistral comme unique mode d'enseignement ou presque, les examens standardisés qui évaluent les étudiants de l'extérieur, les notes ou mentions décernées par le maître comme seule mesure de l'apprentissage, nous pouvons alors garantir, sans grand risque, que l'apprentissage signifiant sera réduit au minimum... En fait il existe d'autres possibilités : que ce soit au niveau des moyens concrets de conduire une classe ou un cours, au plan des principes et des hypothèses sur lesquels on peut édifier l'enseignement, ou au niveau des objectifs et des valeurs vers lesquels enseignants et étudiants peuvent tendre [14]. »
Si les élèves sont impliqués dans la situation pédagogique qu'on leur propose, leur apprentissage en effet devient significatif. Pour cela il faut qu'il y ait un début et une fin et que les élèves comprennent la problématique qu'on leur soumet. C'est la condition pour retrouver la structure interne de celle-ci. Cette problématique peut être inhérente au sujet et ainsi se suffire à elle-même (par exemple un problème de mathématiques); mais on peut aller plus loin et transformer toute situation d'apprentissage en une situation de résolution de problème. L'activité mentale qu'on déclenche ainsi met l'élève en situation de recherche active. La réflexion de cette petite fille en témoigne [15] : « La façon d'apprendre était bonne car tout le monde participait, on disait ce que l'on pensait sans avoir peur, on a envie de deviner l'idée, donc on cherche. »

12. Il s'agit ici d'une « évaluation formative » en cours d'apprentissage. Elle n'exclut pas une comparaison des élèves à un autre moment, mais c'est un autre objectif que celui de vérifier une acquisition de connaissances.
13. Rappelons que Carl Rogers est décédé en février 1987 . Il nous laisse un héritage : faire passer la « congruence », « l'accueil » et « l'empathie » dans la relation pédagogique – et ailleurs.
14. Prologue de *Liberté pour apprendre*, Dunod, 1972, p. 3 et 4.
15. Élève de 6e à l'école catholique *l'Assomption*, Saint-Dizier, mars 1980.

Un groupe d'enseignants en formation conclut ceci après avoir vécu une situation d'apprentissage à leur niveau : *« Démarche qui suscite le plaisir d'appréhender la connaissance grâce à la rigueur, la richesse des situations, la mise en situation par les activités, le jeu et la verbalisation. »*
Le cerveau fonctionne mieux quand il s'attend à une activité complexe et agréable comme le jeu, il se met alors en éveil, prêt à enregistrer. La monotonie l'endort, l'ennui l'empêche de rester actif. Le cerveau aime « jouer », ne l'oublions pas.

Si le succès et l'apprentissage significatif me semblent être deux facteurs indispensables pour éveiller « la volonté d'apprendre », je voudrais encore en retenir un troisième : la personne de l'enseignant, ou plutôt ses attitudes qui influencent toute situation pédagogique.
Une recherche récente [16] (conduite dans deux pays différents, les États-Unis et l'Allemagne) recense trois attitudes déterminantes dans l'apprentissage des élèves. Ces attitudes sont citées par Rogers [17] qui les compare aux résultats de ses propres recherches; je les reprends comme allant tout à fait dans le sens des orientations choisies ici. Examinons-les :

- premièrement, la capacité de l'enseignant à comprendre la signification que l'expérience de son cours revêt pour l'étudiant et sa capacité à communiquer cette compréhension;
- deuxièmement, le respect de l'enseignant pour la personnalité de l'étudiant;
- troisièmement, l'authenticité, la sincérité de l'enseignant dans sa relation avec ses étudiants.

Ces critères, comme le note Rogers, vont tout à fait de pair avec les attitudes de relation d'aide définies par lui : *la congruence,* l'authenticité dans la relation, *le sentiment positif,* inconditionnel et sans jugement, et *la capacité d'empathie,* c'est-à-dire de comprendre ce que ressent l'autre et de communiquer cette compréhension.
On ne retrouve pas toujours ces attitudes positives chez tous les enseignants. On peut espérer que, s'ils prennent conscience de l'effet de leurs attitudes sur les processus cognitifs des élèves, ils modifieront celles-ci en conséquence.
Faire évoluer des attitudes est un processus long. Parfois un changement

16. Aspy D. et Rœbuck F., *Kid's don't learn from people they don't like* (« Les enfants n'apprennent pas avec des personnes qu'ils n'aiment pas »), Human Resource Development Press, 1977.
Résultats que confirme l'étude de Tausch R., *Facilitative dimensions in interpersonal relationship* College Student Journal, 1978, vol. 12, p. 2 à 11.
17. Dans Abraham A., *L'enseignant est une personne,* ESF, 1984, p. 15.

de comportement que l'enseignant s'impose peut entraîner un changement d'attitude et de comportement de la part de l'élève qui, à son tour influence réellement l'attitude de l'enseignant. L'enjeu étant de taille, cela vaudrait la peine.

LA SIGNIFICATION DES DÉMARCHES PROPOSÉES

Reprenons la question posée au début de ce chapitre : qu'est-ce qui donne sa valeur à une pratique pédagogique? Dans la recherche présentée dans cet ouvrage les critères choisis se partagent entre *l'organisation de l'apprentissage, la prise en compte de ses mécanismes et les attitudes qui le favorisent.* La prise en compte des processus cognitifs a exigé des connaissances approfondies à ce sujet et une planification rigoureuse à partir des objectifs précis. Celle-ci a contribué à la réussite des élèves qui, à son tour, a modifié leur attitude, leur donnant confiance et envie de réussir à nouveau. Par un modèle cognitif, on peut agir sur l'affectif; c'est une façon d'assurer cette interrelation nécessaire à l'apprentissage.

La spécificité des pratiques pédagogiques proposées dans cette étude réside dans le fait que :

1. Elles visent un double but :
   - la maîtrise de la pensée abstraite (objectifs cognitifs);
   - l'acquisition des connaissances (objectifs de contenu).
2. Elles sont élaborées à partir d'une recherche et d'une expérimentation pédagogiques, menées depuis dix ans, qui se réfèrent à la psychologie cognitive (et particulièrement aux travaux de J. Bruner) ainsi qu'à d'autres sciences cognitives.
3. Elles s'inscrivent dans le cadre d'une « pédagogie de la maîtrise » qui implique la formulation d'objectifs afin de réguler l'action pédagogique et de la différencier.
4. Elles impliquent une attitude humaniste envers l'apprenant qui est au centre de cette pédagogie et dont l'éducabilité cognitive n'est pas mise en doute.

Ces préoccupations sont, me semble-t-il, au cœur du débat pédagogique actuel tout en ayant une signification intemporelle. Elles visent à donner aux apprenants une méthodologie intellectuelle et une confiance dans leurs capacités qui rendent possible un développement personnel.
Nous avons besoin de futurs citoyens qui :
- « seront capables d'apprentissage critique et d'évaluer les informations provenant de sources diverses;

– auront acquis un savoir utile pour la vie réelle;
– plus important encore, seront capables d'utiliser ce savoir d'une manière souple dans des situations neuves ou difficiles;
– seront capables d'agir avec initiative et responsabilité dans la résolution de problèmes;
– auront trouvé plaisir à apprendre, acquérant ainsi le désir d'apprendre tout au long de leur vie [18] ».

Est-ce que la finalité de l'école n'est pas justement de former des jeunes adultes autonomes, capables de s'adapter et d'utiliser leurs connaissances dans une société démocratique en constante évolution?

18. Critères empruntés à Rogers, dans *Liberté pour apprendre?*, Dunod, 1972, p. 1.

Et demain?

Cette recherche a eu pour but de préconiser une meilleure adéquation entre d'une part nos programmes scolaires et les objectifs de notre enseignement, et d'autre part, les capacités de nos élèves, tels qu'ils sont, avec la richesse et la complexité de leur fonctionnement cérébral, comme nous l'avons vu tout au long de cet ouvrage.
Au lieu de mettre en valeur la richesse et la diversité des élèves, nous sommes en train d'en éliminer une grande partie en mesurant les différences uniquement en termes de supériorité ou d'infériorité. Nous leur fermons les portes à un âge où il faudrait au contraire garder celles-ci grandes ouvertes et proposer des passerelles dans toutes les directions.
Un enseignement qui s'adapte à la variété des jeunes et qui donne une chance de succès à tous en rendant les élèves plus conscients de leur fonctionnement intellectuel et en ajustant la pédagogie aux mécanismes de l'apprentissage, est un enseignement qui correspond aux attentes de la société tout en respectant les vœux des familles et l'espoir des jeunes. Il est de nature à favoriser un meilleur accueil et une meilleure cohérence entre programmes, méthodes d'enseignement et évaluation. Cette évaluation serait faite en termes de ce qui est essentiel et non pas en termes d'élimination.

Nous disposons aujourd'hui des connaissances théoriques nécessaires pour pratiquer une pédagogie à la fois plus humaniste et plus scientifique, prenant en compte la personne aussi bien que les processus (biologiques, psychologiques et sociologiques) de l'apprentissage.
La mise en œuvre d'une telle pédagogie n'exige pas des réformes coûteuses mais un changement d'attitude face à l'acte d'apprendre et de nouvelles priorités dans la formation des enseignants.

Avec de telles perspectives, l'optimisme est permis. Les difficultés – réelles et complexes – sont là pour stimuler notre créativité. « On dit que les nouvelles générations sont difficiles à gouverner. Je l'espère bien. (...) Ce qui m'intéresse, c'est le mouvement de l'intelligence, car l'avenir en dépend [1]. »

1. Alain, *Propos sur l'éducation*, PUF, 1932, p. 219.

QUELQUES DÉFINITIONS

Cognitif : qui concerne la cognition, la faculté de connaître.

Cognitif (mode) : une façon d'appréhender et de se représenter mentalement un objet ou une idée :
- le mode « enactif » * sensori-moteur,
- le mode « iconique » * visuel,
- le mode symbolique.

* Vocables propres à Bruner

Cognitif (modèle) : description d'un processus mental dont le but est de représenter et d'expliquer un système de relations de la pensée qui n'est pas directement observable.

Cognitif (niveau) : dans la hiérarchie d'un processus mental, un comportement observable peut se situer à tel ou tel niveau mental.

Cognitifs (processus) : les processus de la pensée qui concernent l'acte d'apprendre.

Cognitif (style) : façon individuelle
- d'appréhender l'information,
- de traiter l'information.

Cognitive (structure) : l'ensemble des connaissances organisées du cerveau, tout ce qu'un individu sait.

Évaluation finale : évaluation en fin d'apprentissage qui a pour but de noter l'élève
- soit par rapport à un critère défini,
- soit par rapport à une norme qui permet de situer un élève par rapport aux autres élèves du même groupe.

Évaluation formative : l'évaluation en cours d'apprentissage qui a pour but d'informer l'enseignant et l'élève sur l'état d'avancement de son apprentissage.

Métacognition :
- revenir sur sa démarche mentale pour en prendre conscience,
- activité pédagogique qui consiste à aider l'élève à prendre conscience de sa pensée.

Quelques définitions

Métapédagogie : réfléchir sur et analyser les effets de la pédagogie sur les élèves.

Modèle pédagogique :
- l'exemple d'une application pédagogique élaborée pour être généralisable,
- une proposition pédagogique généralisable (description ou ensemble de règles).

Motivation extrinsèque : motivation conditionnée par une récompense extérieure.

Motivation intrinsèque : motivation par le résultat de l'action ou par l'action elle-même.

Stratégie d'enseignement : stratégie, démarche pédagogique, mise en œuvre consciemment par l'enseignant dans le but de transmettre un savoir.

Stratégie mentale (stratégie d'apprentissage) : démarche mentale mise en œuvre inconsciemment par un individu dans le but d'acquérir ou de former un concept (selon Bruner).

Annexes

Un modèle pédagogique visant l'abstraction [1]

PRÉPARATION : RENDRE LE SAVOIR TRANSMISSIBLE

1. Formuler *l'objectif* au niveau cognitif souhaité.

2. Cerner les *attributs* du concept :
- choisir ceux qui sont prioritaires pour un public donné (niveau de complexité);
- éliminer tout attribut « parasite »;
- déterminer la structure des relations entre les attributs (et/et, soit/soit, relation);
- ordonner les niveaux d'abstraction.

3. Choisir des *exemples :*

a) *positifs*
- veiller à ce que tous les attributs essentiels soient présents à chaque fois;
- sélectionner un exemple initial qui soit typique et sans ambiguïté;
- éviter au maximum les attributs non essentiels au début;
- augmenter le nombre d'attributs non essentiels par la suite;
- varier les exemples;
- les choisir dans un domaine d'intérêt des élèves, quand c'est possible;
- les présenter ensemble.

b) *contre-exemples*
- trouver un premier exemple négatif ne contenant *aucun* attribut essentiel;
- introduire des attributs essentiels au fur et à mesure, jamais tous à la fois;
- choisir des contre-exemples qui confirment chaque attribut essentiel par son contraire;
- rapprocher au maximum les derniers contre-exemples des exemples positifs.

1. Ce modèle résume la démarche « acquisition d'un concept » sous forme d'un « check list ».

4. Varier les *modes de représentation* des exemples :
- action;
- image;
- symbole.

5. Formuler des *questions élucidantes :*
- qui visent les opérations mentales;
- qui visent les attributs. Aider les élèves à grouper les attributs par rapport à une catégorie supérieure.

MISE EN ŒUVRE : TRANSMISSION DU SAVOIR

Observation – exploration

a) *Composantes cognitives*
- situer le contexte;
- donner l'objectif ou faire comprendre qu'on cherche à élaborer un concept;
- donner les « règles du jeu » ou la méthode à suivre;
- présenter un premier exemple positif (ou deux à la fois);
- laisser le temps pour chacun de l'observer en silence (première observation intuitive);
- noter les observations au fur et à mesure, sans discrimination;
- être attentif aux représentations des élèves;
- présenter les premiers contre-exemples, en tant que tels;
- demander aux élèves de comparer les exemples;
- présenter d'autres exemples;
- donner la possibilité d'examiner tous les exemples en même temps;
- prendre un temps de vérification et rayer au tableau toute observation qui n'est plus valable;
- varier les modes de présentation (image, texte, exposé, schéma, étude de cas...);
- laisser le temps aux élèves d'évoquer les exemples;
- demander aux élèves de comparer les exemples positifs entre eux par rapport aux contre-exemples;
- cela plusieurs fois;
- demander aux élèves de vérifier si les attributs proposés sont validés à *chaque* fois;
- si l'élève propose l'étiquette du concept enseigné, lui demander ce que celle-ci signifie;
- élargir la perception : poser des questions élucidantes qui focalisent l'attention sur les attributs manquants;

- poser des questions élucidantes qui visent une progression dans les opérations mentales de la perception à l'abstraction;
- demander aux élèves de reformuler leurs propositions si elles ne sont pas claires;

b) *Composantes affectives*
- rendre l'apprenant intellectuellement disponible;
- ne pas émettre des jugements de valeur;
- ne pas pénaliser les erreurs;
- veiller au ton et aux messages non verbaux.
- laisser à chacun la possibilité de s'exprimer et de faire part de ses observations

Évaluation formative collective
- donner des exemples nouveaux, différents, sans les présenter en tant que positifs ou négatifs;
- demander aux élèves de les distinguer et de justifier leurs réponses;
- valider ces réponses immédiatement et à plusieurs reprises, en les justifiant;
- favoriser une argumentation entre élèves, un « conflit cognitif ».

Évaluation finale individuelle
- évaluer aux différents niveaux d'acquisition; savoir :
  . nommer le concept;
  . distinguer entre exemples et contre-exemples;
  . justifier ses réponses en nommant les attributs essentiels;
  . donner ses propres exemples et les justifier;

- évaluer le transfert; savoir :
  . reconnaître le concept dans une situation nouvelle (transfert du contenu);
  . réutiliser le processus de la conceptualisation dans une situation nouvelle (transfert du processus).

Formation d'un concept

Modèle pédagogique pour l'enseignement de plusieurs concepts reliés.

PRÉPARATION

- Noter les étiquettes de vos différents concepts et faire la liste des attributs de chacun d'eux.
- Préparer vos supports et vos données : ces éléments sont des exemples de vos concepts (que ce soit des mots, des phrases, des images, des diapositives, des disques, une lecture, une promenade d'observation dans votre village ou dans un musée, une discussion, etc.).
- Formuler des « questions élucidantes » destinées à focaliser l'attention sur les attributs essentiels et à induire une progression des activités mentales.

MISE EN ŒUVRE

Phase I : observation – exploration
- Laisser les élèves examiner tous vos exemples.
- Demander aux élèves de décrire les exemples et faire la liste de toutes leurs observations sur le tableau noir, pêle-mêle.
- S'assurer que tous les étudiants ont une perception correcte des éléments (si nécessaire, poser des « questions élucidantes » ou reformuler ce que dit l'étudiant pour clarifier).

Phase II : représentation mentale
- Demander aux élèves de classer les exemples en trois groupes au moins, d'après leurs similarités. Qu'ils soient prêts à expliquer selon quels critères ils ont groupé.
- Après le classement des exemples, individuellement ou en groupe, demander aux élèves de les reporter au tableau noir (en utilisant des numéros pour identifier chaque élément).

– Choisir un classement et travailler avec celui-ci d'abord. Demander aux élèves qui l'ont fait de le justifier, c'est-à-dire de donner les attributs que chaque groupe a en commun. Noter ces attributs.

– Trouver un moyen de présenter les classements d'une manière visible pour chaque élève, en utilisant par exemple des cartes. Dans les cas où les élèves sont nombreux, donner à chacun un ensemble de cartes.

– Examiner plusieurs possibilités de classer les mêmes exemples. Donner le temps aux auteurs de les expliquer et de les discuter.

Phase III : abstraction

– Demander aux élèves de trouver un « nom de travail » pour chaque groupe, ceci pour faciliter la discussion. Le nom de travail doit englober les attributs.

– Demander aux élèves de vérifier s'il n'y a pas d'attributs manquants dans les groupes. Poser des questions élucidantes si vous pensez que des attributs essentiels manquent.

– Demander aux élèves si le nom de travail, « l'étiquette », de chaque groupe est approprié pour les exemples qui s'y trouvent.

– Sinon suggérer une réorganisation des exemples.

– Demander aux élèves de vérifier si tous les exemples sont maintenant dans le bon groupe ou si une réorganisation supplémentaire est nécessaire.

– Quand tous les groupes sont correctement étiquetés et tous les attributs vérifiés, demander aux élèves de comparer et de contraster les groupes différents. Laisser le temps nécessaire pour cet exercice.

– Demander aux élèves de créer leurs propres exemples pour chaque groupe. Veiller à ce que chacun d'eux participe. Demander aux élèves de justifier leurs exemples.

L'acquisition du concept d'objectivité

Étiquette : **OBJECTIVITÉ**

Philosophie pour enfants
Enseignant :
Jean Mer

ATTRIBUTS

– qualité d'une description, d'un récit ou d'un jugement
– qui est exact(e) et précis(e)
– où ne se trouve aucune indication concernant les intérêts, les goûts, les préférences, les opinions et sentiments personnels
– qui est valable pour tous.

EXEMPLES	**CONTRE-EXEMPLES**
1. Il y a exactement 22,5° centigrades, dans la pièce.	1. Il fait affreusement chaud dans cette pièce! On y étouffe!
2. Ce vin – du moins si j'en juge d'après l'étiquette est un Bergerac (Appellation « Bergerac » contrôlée).	2. Ce vin a un bouquet extraordinaire! C'est un pur délice! Quand je le bois, il me rappelle les châteaux de ma Gironde natale...
3. Cette personne s'est arrêtée pour me dépanner. N'y parvenant pas, elle m'a pris dans sa voiture.	3. Cette personne est extrêmement sympathique. On sent une grande bonté en elle.
4. La preuve que cet homme mène double jeu, c'est que je l'ai vu, l'autre jour, discuter avec M. X..., alors qu'il m'avait juré de ne plus jamais revoir ce monsieur.	4. J'ai l'intuition d'avoir affaire à un homme malhonnête, qui joue double jeu. D'ailleurs, ça se voit sur sa figure.
5. Cet homme, reconnu coupable de vol sera puni, d'après le	5. Cet homme est un dangereux malfaiteur. Cette fois, il n'a

Code pénal, d'un emprisonnement qui peut aller de 3 mois à 3 ans de prison et d'une amende d'un montant de 1 000 à 20 000 F.	pas utilisé la violence, mais, soyez sûr que, s'il avait été surpris la main dans le sac par le propriétaire, il n'aurait pas hésité à frapper! Des gens comme ça, il faudrait les éliminer ou, du moins, les envoyer aux « travaux forcés » : ça leur apprendrait!
6. A trois reprises en un mois, cet élève a rendu un devoir inachevé.	6. Cet élève est paresseux. Il bâcle son travail. C'est un mauvais élève.
7. Cette fille a couru le « 100 mètres » en 12 secondes 3/10e.	7. Cette fille est extraordinairement rapide au « 100 mètres ».
8. Un véhicule automobile – une Renault Super 5 – de couleur « bordeaux » métallisée, roulant en direction de Joinville, a brûlé le feu rouge situé au carrefour formé par l'avenue de Paris et l'avenue de Marigny à Vincennes et a heurté, de ce fait, la portière arrière gauche d'une 2 CV mauve, de type charleston, en provenance de la place du Château et roulant en direction de la mairie.	8. L'autre jour, alors que je discutais avec Charlotte, j'ai sursauté : un bruit terrible de tôle froissée et de vitres brisées! Avec un bruit pareil, il y a dû y avoir plusieurs blessés graves! Certainement encore un fou du volant!
9. Dans cette Symphonie de Brahms le thème du 3e mouvement (« un poco allegretto ») est d'abord exposé à la clarinette.	9. Ce morceau de musique est détestable.
10. Ce film présente l'aventure d'un père qui s'en va à la recherche de son fils perdu dans la forêt amazonienne.	10. Ce film est profondément ennuyeux.
11. Ce livre de 250 pages vient de paraître. Il sera présenté, vendredi prochain, à *Apostrophes*.	11. Ce livre est passionnant.

12. En revenant de la ville, j'ai croisé un homme plutôt âgé assis sur son âne et un garçon adolescent qui le suivait à pied.

12. « C'est grande honte
Qu'il faille voir ainsi clocher [ce jeune fils
Tandis que ce nigaud, comme [un évêque assis,
Fait le veau sur son âne et [pense être bien sage
(La Fontaine)

13. Ce garçon m'a interrompu trois fois en deux minutes.

13. Ce garçon est insupportable, agaçant au possible!

EXEMPLES MIXTES (positifs ou négatifs)

1. La tête me tourne.
2. « Je ne peux pas descendre par là : ça me donne le vertige!
   – Enfin, voyons! Ne dis pas que tu ne peux pas : il n'y a aucun danger! »
3. C'est une solution qui me semble raisonnable
4. Personnellement, j'ai trouvé ce livre passionnant. Il m'a d'ailleurs beaucoup ému.
5. Je ne supporte pas ce garçon; il m'agace.
6. Voulez-vous mon impression? Cet homme ne me semble pas à la hauteur des responsabilités qui lui ont été confiées.

REMARQUE

Pour bien faire comprendre la démarche d'acquisition du concept, il peut être utile de proposer, au préalable, un « parcours réduit » relatif à une notion assez courante.

Ex : Acquisition du concept d'*hypocrisie.*

Attributs : – attitude de déguisement, de dissimulation
– attitude de duplicité (où l'on joue double jeu; où l'on fait les choses par en dessous)
– attitude consistant à faire semblant d'avoir des idées, des sentiments et surtout des qualités qu'on n'a pas.

Quelques exemples

1. Devant moi, Il... est toujours charmant. Il me lance même souvent des « fleurs » du genre : « Vous êtes formidable d'avoir fait ceci ou cela... »

Quelques contre-exemples

1. « Que votre *oui* soit *oui,* que votre *non* soit *non.* »
(L'Évangile)

2. « Je ne veux pas, je ne veux pas, mais jetez-le-moi dans le capuchon. »

   (Proverbe espagnol)

3. Ils disent qu'il faut faire ceci ou cela, mais eux-mêmes ne bougent pas le petit doigt.

4. Ils ressemblent à des tombeaux blanchis : au-dehors, c'est impeccable; au-dedans, c'est la pourriture.

   (d'après L'Évangile)

5. Celui-là s'arrange toujours pour se faire bien voir du maître; mais quand il n'est pas observé, il en profite.

2. « Qui a fait cela, demande le maître.
   – C'est moi, monsieur », répond l'élève, sans détour.

3. Untel dit ce qu'il pense, ou alors il se tait.

L'acquisition du concept d'opinion

Étiquette :
OPINION

Philosophie
Terminale
Enseignants :
Évelyne Lemoine
Jean Mer

ATTRIBUTS

(1) affirmation ou jugement
(2) avancé(e) sans fondements rationnels
(3) enraciné(e) dans l'affectivité
(4) ferme et assuré(e)
(5) ignorant(e) de sa propre ignorance
(6) conformiste.

Remarques sur chacun des attributs

(1) Nous avons choisi de travailler sur le concept d'opinion *stricto sensu,* c'est-à-dire non sur une impression qu'on présente comme telle, mais un « je soutiens que » (ou : « je pense, j'estime, je suis convaincu que... »).

(2) Cela ne veut pas dire que l'opinion ne se présente pas, à l'occasion, assortie de raisons, mais ses raisons ne sont ni bonnes ni sérieuses.

(3) Si l'opinion ne saurait présenter de justifications objectives et rationnelles, c'est qu'elle dérive de la subjectivité, de l'affectivité.
N.B. A l'expérience, nous avons rétabli cet attribut considéré d'abord comme un doublet du précédent (ou plutôt son envers). Les élèves, en effet, ont insisté sur le caractère partial, partisan, passionnel de l'opinion.

(4) Cf. (1) Cette imperméabilité au doute s'explique aisément lorsqu'on se réfère à la fois à (3) et à (5).

(5) Inconscient(e) à la fois :
– de son enracinement affectif, de son irrationalité,
– et de son inadéquation au réel (elle croit dire le vrai!).

(6) Elle reflète toujours plus ou moins l'idéologie d'un groupe.

EXEMPLES

1. « Un collègue, au lycée, me dit que les Juifs " l'agacent ". »
Jean-Paul Sartre, *Réflexions sur la question juive,* Idées, p. 12-13.
2. « J'ai la certitude absolue de la culpabilité de Dreyfus... »
Cavaignac, *Discours à la Chambre des députés,* 7.7.1898.
3. « 80 % de tous les facteurs contribuant à créer des différences intellectuelles sont héréditaires. »
Eysewck, cité par *Le Nouvel Observateur,* 1.4.1974.
4. « Nous naissons tous avec des dons différents. »
Texte inventé dans la ligne de *L'idéologie des dons.*
5. « – Ils l'ont, leur indépendance!
– Et ils s'entre-tuent!
– Quand ils ne se mangent pas! etc. »
Pierre Daninos, *Le Jacassin,* Livre de Poche, p. 58-59.
7. « La vieillesse, c'est extra! »
Platon, *République,* I, 329 a-c.
9. Bande dessinée de Wolinski :
« A gauche, on ne respecte rien, on ne croit en rien. »
10. « Faire de la philosophie dans l'âge mûr, c'est exciter la risée de ses semblables. »
Platon, *Gorgias,* 484, c-d.
10bis. « Ceux qui s'appliquent à la philosophie deviennent pour la plupart des personnages bizarres. »
Platon, *République,* 487 e.
12. « Bien uriner, c'est le plus important. »
J. Lacarrière, *Chemin faisant,* Livre de Poche, p. 41.
13. « Le médecin, ce n'est pas un bourgeois, c'est un escroc, etc. »
J. Fremontier, *La vie en bleu,* p. 74.
14. « L'efficacité de la médecine homéopathique gît tout entière dans l'imagination du malade. »
J. Palaiseul, *Tous les espoirs de guérir,* J'ai lu, III, 140.
17. Extrait d'un discours de Pétain :
« ... C'est librement que je me suis rendu à l'invitation du Fürher »
En regard : une reproduction de la photo montrant Pétain serrant la main de Hitler.
18. « Treize francs un faux filet, c'est ça la France? Des communistes, des juifs, des Arabes, la voilà la France! »
Bande dessinée de Bretecher, *Les Frustrés.*
19. « Je puis faire naître des animalcules et des plantes dans un milieu absolument privé d'air. »
Pouchet (1800-1872) (partisan de la génération spontanée).

CONTRE-EXEMPLES

6. « ... Moi, si je ne sais pas, je ne crois pas non plus savoir. »
Platon, *Apologie de Socrate,* 21c-22 b.
8. « Le désir est un appétit déraisonnable... »
Les stoïciens, Coll. Sup. PUF 1968, p. 99, rééd. p. 103.
15. « La contestation de la génération spontanée par Pasteur. »
F. Jacob, *Logique du vivant,* p. 254.
26. « Je pensai que pour ce que nous avons été enfants avant que d'être hommes... »
Descartes, *Discours de la méthode,* II.
27. « Après avoir bien pensé... il faut conclure et tenir pour constant que cette proposition : *je suis, j'existe,* est nécessairement vraie. »
Descartes, *Méditations métaphysiques,* II.

EXEMPLES MIXTES (positifs ou négatifs)

11. « Quand c'est un homme d'âge que je vois faire la philosophie, cet homme-là me semble avoir besoin de verges. »
Platon, *Gorgias,* 485 a-d (suite du texte cité au n° 10 des exemples +).
16. Pratique chirurgicale d'Ambroise Paré mêlant des croyances superstitieuses à un sens aigu de l'observation.
Histoire de la médecine, Livre de Poche, Larousse, p. 146.
21. Raisonnement d'un partisan de la peine de mort.
22. Proposition émise avec prudence, en vue de résoudre le problème du chômage.
23. « Poujadolf » : un jugement sur le poujadisme et ses accointances avec une droite musclée.
25. « En fin de compte, les poupées et les soldats de plomb n'auraient-ils pas presque autant de responsabilité que les hormones dans la différenciation psychique de l'homme et de la femme? »
Jean Rostand, *L'homme,* Idées, p. 99.

REMARQUES

1. Nos premiers exemples +, assez convergents, ont d'abord conduit les élèves sur la « piste » : racisme, intolérance. Cela ne présente pas d'inconvénients, en réalité : il leur faut seulement élargir peu à peu le concept « pressenti » à travers ces exemples.
2. Une fois acquis le concept d'opinion, il conviendrait, bien sûr, d'étudier des textes philosophiques qui en traitent explicitement : textes de Platon, de Bachelard...

Acquisition du concept de population active

Étiquette :
POPULATION ACTIVE

*Géographie économique 3e*
Enseignants : *C. Bru*
L. Catusse Bergeron

ATTRIBUTS

– avoir un emploi : notion de *production* (d'un bien ou d'un service)
– qui est une *source de revenus* – critère de rémunération
cas particulier : le demandeur d'emploi (chômeur) entre dans la population active.

EXEMPLES

1. Un ouvrier qui travaille chez Renault et construit des robots recevant un salaire mensuel.
2. Un agriculteur élevant des moutons pour en prendre le lait, la laine, la viande.
3. Une infirmière à domicile percevant des honoraires.
4. Un handicapé fabriquant des poteries qu'il vend.
5. Un chômeur demandeur d'emploi (= cas particulier).

CONTRE-EXEMPLES

1. Un clochard qui vit de la charité publique.
2. Un bébé ou un enfant.
3. Une mère au foyer touchant des allocations familiales.
4. Un handicapé dans l'incapacité physique ou mentale de travailler.
5. Un retraité.

EXEMPLES MIXTES (positifs ou négatifs)

Réponses
+ un acteur de cinéma qui reçoit un cachet
+ un Maghrébin éboueur en congé de maladie qui touche une partie de son salaire + des indemnités

– un étudiant en 1re année de médecine qui ne fait rien d'autre que ses études
– une femme ouvrière spécialisée en pré-retraite
+ sous-officier de l'armée de l'air salarié
– un jeune accomplissant le service militaire
+ un professeur de mathématique en congé de maternité.

QUESTIONS ÉLUCIDANTES

– Quels sont les éléments communs des exemples positifs (on peut dégager deux attributs nécessaires mais non suffisants : exercer une activité, recevoir une somme d'argent)?
– Que peut-on ajouter aux deux attributs précédents pour qu'ils deviennent suffisants (exercer une activité *productrice*)?
– Peut-on dégager des éléments qui n'entrent pas en ligne de compte (âge, sexe, nationalité, type d'occupation...)?
– Peut-on expliquer pourquoi le chômeur classé comme actif est un cas particulier (= est momentanément sans emploi)?

ÉVALUATION PRÉVUE (formative)

1. Dans la liste ci-dessous mettre un + devant les « actifs » mettre un – devant les « inactifs ».

Réponses
+ maçon
– élève de 3e
+ employé des PTT
– un immigré sans carte de travail
+ un travailleur licencié pour raison économique
– une cheftaine scoute bénévole

2. Justifier les réponses.

3. Fournir 4 exemples de personnes actives.
Fournir 2 exemples de personnes inactives.
et justifier ces réponses.

Acquisition du concept de parallélisme au sens strict

Étiquette :
PARALLÉLISME

Géométrie pour débutants
Enseignants : *J.-M. Albouy*
A.-M. Bonnet

ATTRIBUTS

– positions relatives de 2 droites (entre elles) a) $D // D'$
ou d'une droite et d'un plan b) $D // P$
ou de 2 plans (entre eux) c) $P // P'$

– n'avoir aucun point commun pour b) $D \cap D' = \emptyset$
c) $P \cap P' = \emptyset$

ou

– n'avoir aucun point commun et être dans un même plan pour a) $D \cap D' = \emptyset$ et $D \subset P$ et $D' \subset P$

Remarque : cette leçon s'adresse à des débutants. Les notions supposées acquises, d'après l'observation de l'espace qui nous entoure, sont le point, la droite et le plan. Il a été suggéré de faire ce travail non pas avec des dessins au tableau mais avec des objets : boîte, aiguille (à tricoter)...

EXEMPLES

Exemples

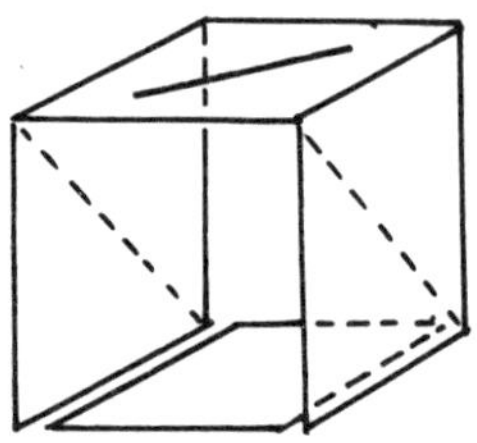

Contre - Exemples

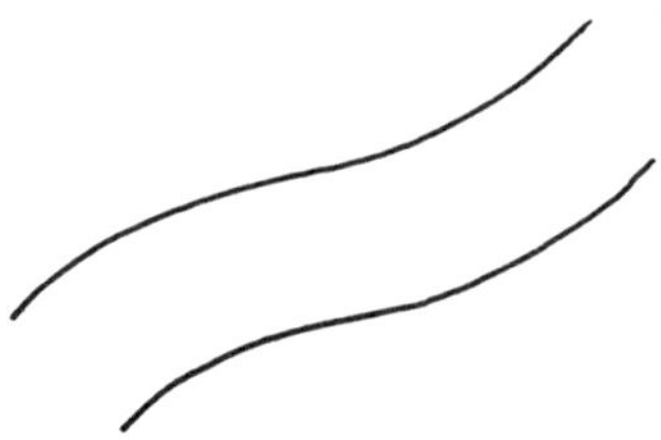

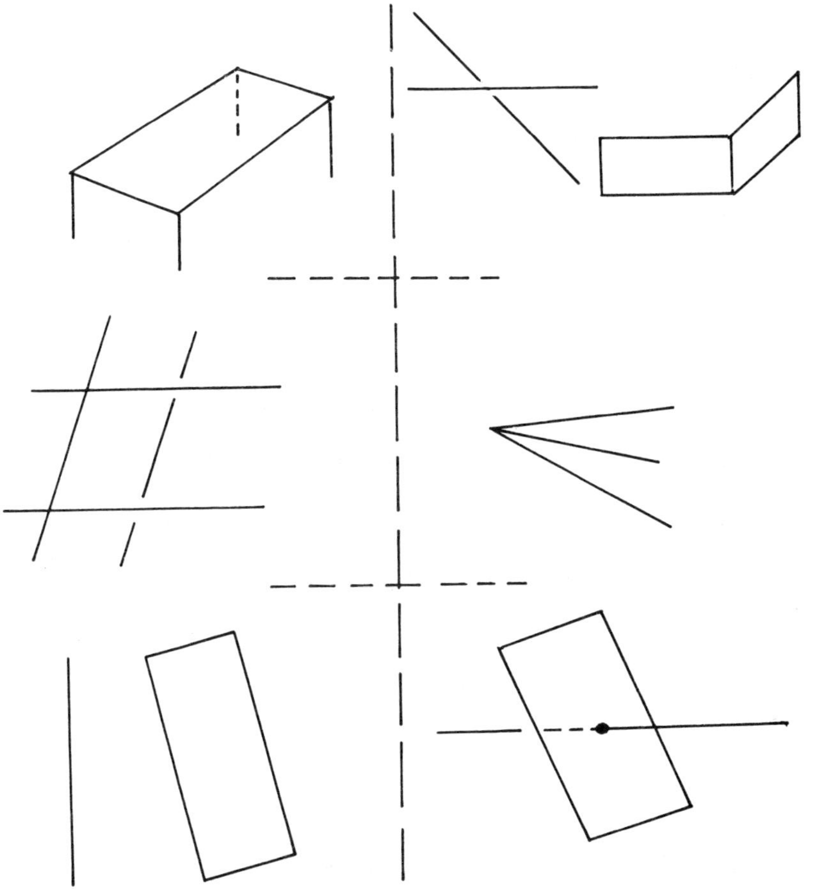

Évaluation formative

exemples mixtes

Dire, parmi ces dessins, ceux qui traduisent au moins un cas de parallélisme (a, b ou c). Préciser lequel en justifiant.

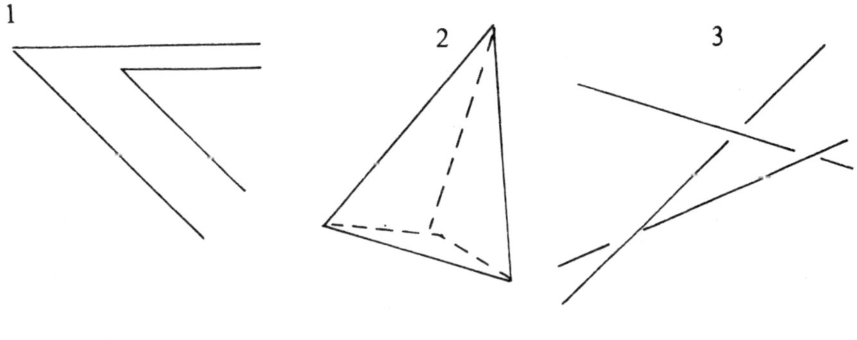

4

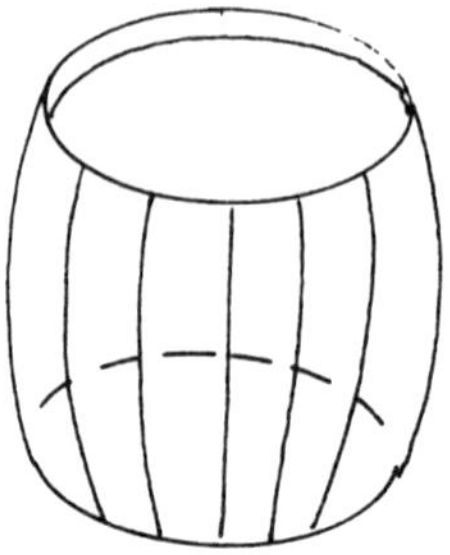

5

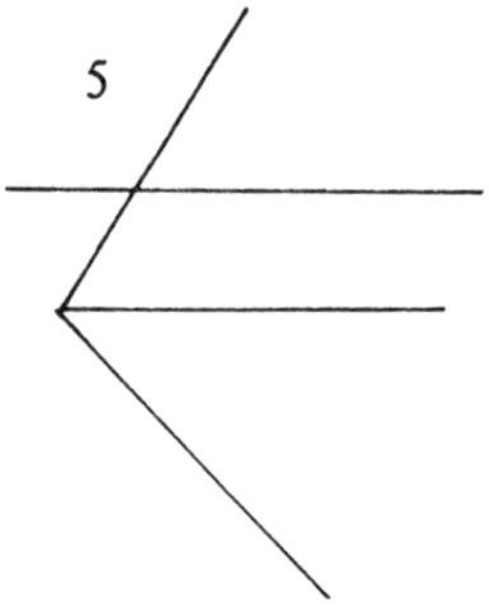

6

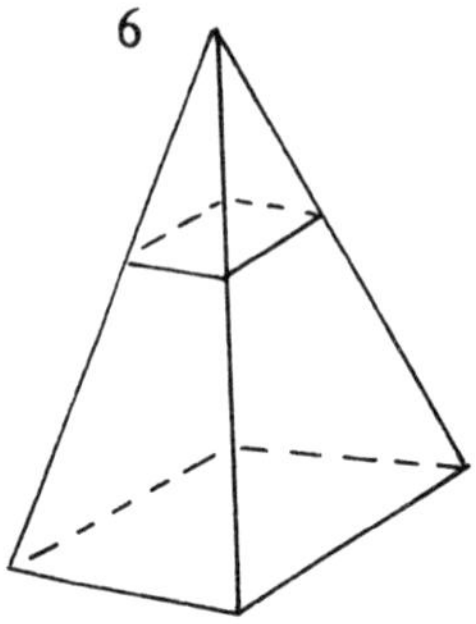

1. oui a), c); 2. non; 3. non; 4. oui c); 5. oui a), b); 6. oui a), b).

Évaluation finale (mêmes questions que précédemment).

1

2

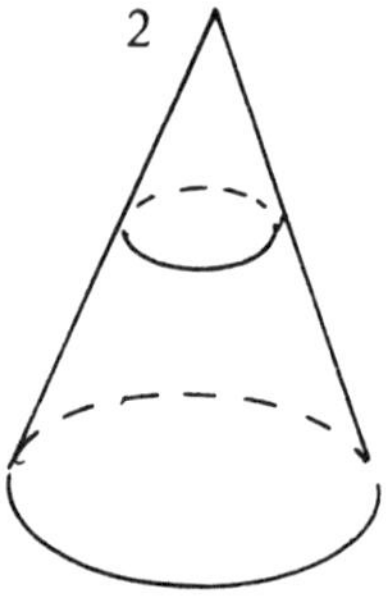

3

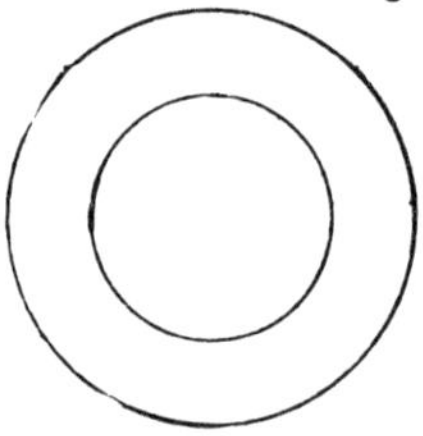

4

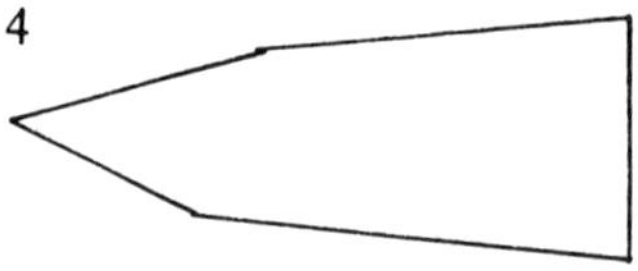

5

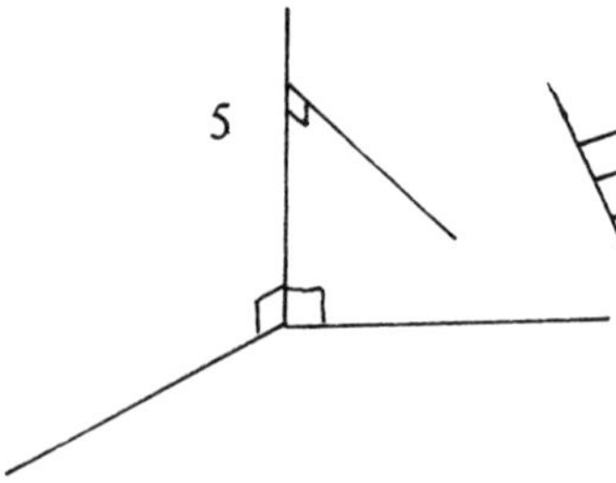

6

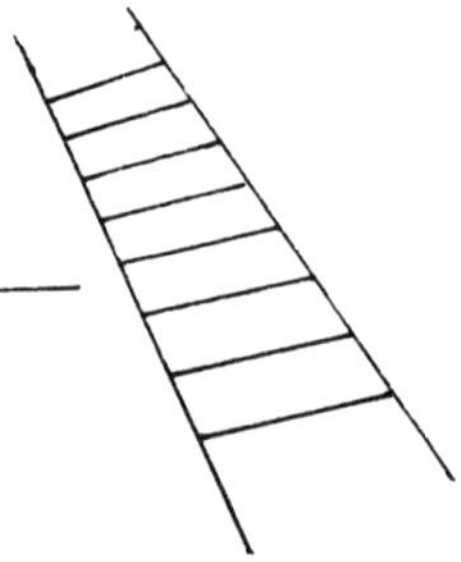

7

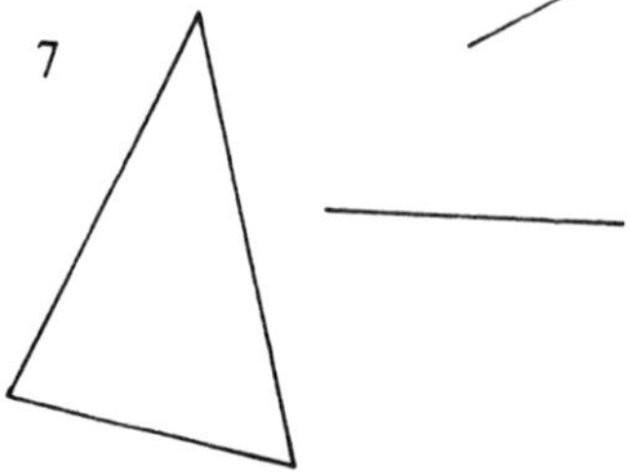

1. oui b); 2. oui c); 3. oui c); 4. non; 5. oui b); 6. non ou oui a); 7. non ou oui b).

Recette pour comparer

1. Je note tout ce que je sais sur le premier sujet qui m'est donné, comme cela me vient.

2. Qu'est-ce qui va ensemble? Je souligne en couleurs différentes et je fais des ensembles.

3. Je donne des noms aux ensembles.

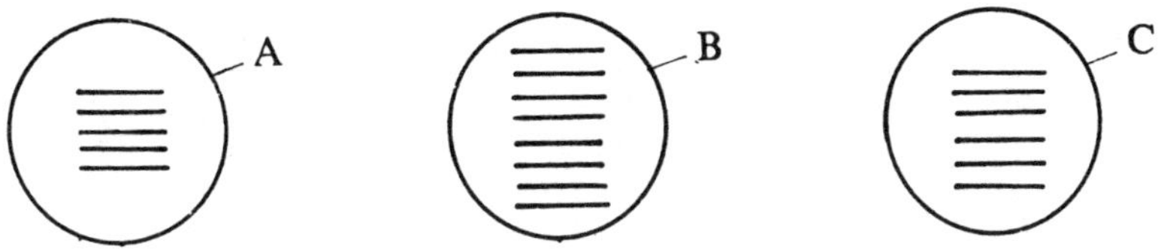

4. Je fais la même chose pour le deuxième sujet. Est-ce que je retrouve les mêmes ensembles? C'est-à-dire les mêmes noms? Je vérifie. Sinon, est-ce que je peux appliquer les ensembles qui manquent sur chaque sujet pour qu'il y ait les mêmes ensembles pour les deux sujets. Je les remplis avec les exemples auxquels je pense.

5. Je mets chaque couple d'ensembles ainsi formé côte à côte. Ensuite sur une autre feuille je fais un diagramme de Venn et j'y redistribue l'information de mes deux ensembles pour préciser comment ils sont différents et comment ils se ressemblent. Je mets ce qu'ils ont en commun au milieu. J'essaie de compléter les exemples en m'aidant de ceux déjà inscrits. Je recommence cette procédure pour chaque couple d'ensembles :

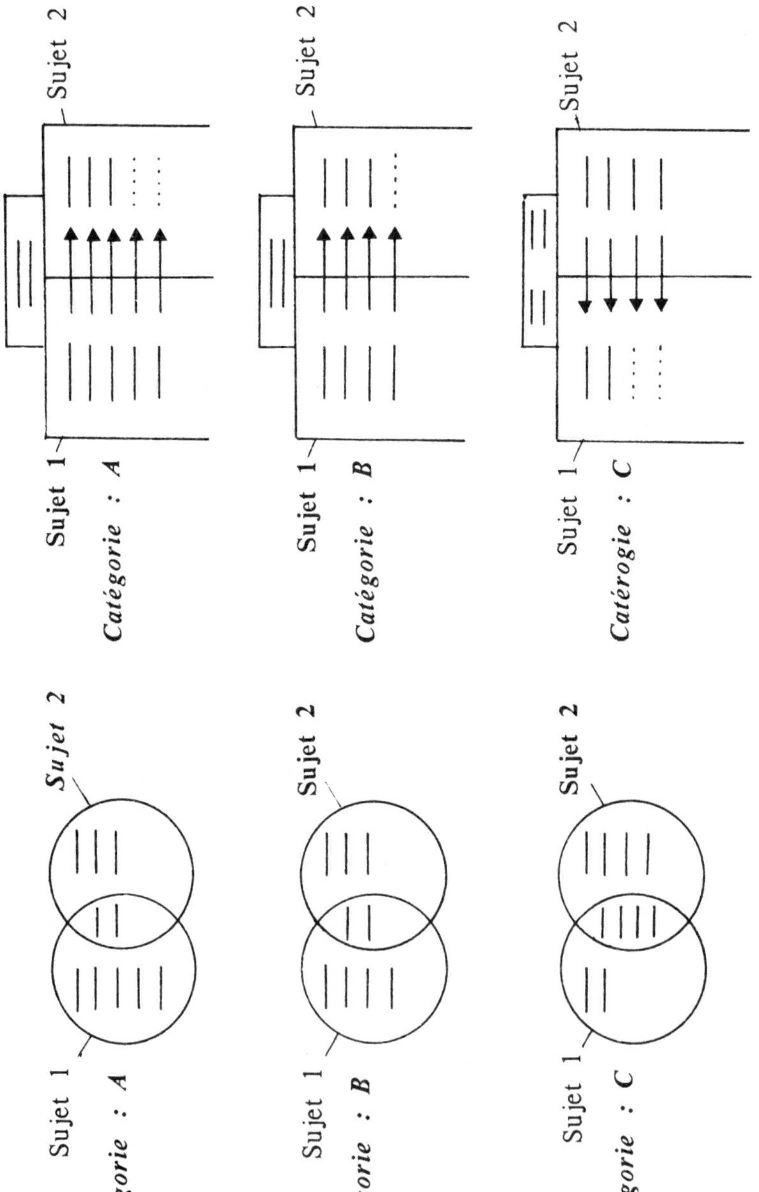
Sujet 1
Sujet 2
Catégorie : A
Sujet 1
Sujet 2
Catégorie : B
Sujet 1
Sujet 2
Catérogie : C
Sujet 1
Sujet 2
Catégorie : A
Sujet 1
Sujet 2
Catégorie : B
Sujet 1
Sujet 2
Catégorie : C

Recette pour rédiger ma comparaison

Tous mes diagrammes finis, je peux m'en servir pour écrire une rédaction qui décrit et compare les deux sujets.

1. Chaque diagramme représente un paragraphe. Je les range dans l'ordre dans lequel je veux en parler.
2. Je retrouve la catégorie de chaque diagramme et j'écris une phrase qui reprend ce mot. Cette phrase va me servir d'introduction pour chaque paragraphe. Je laisse un vide entre chaque phrase.

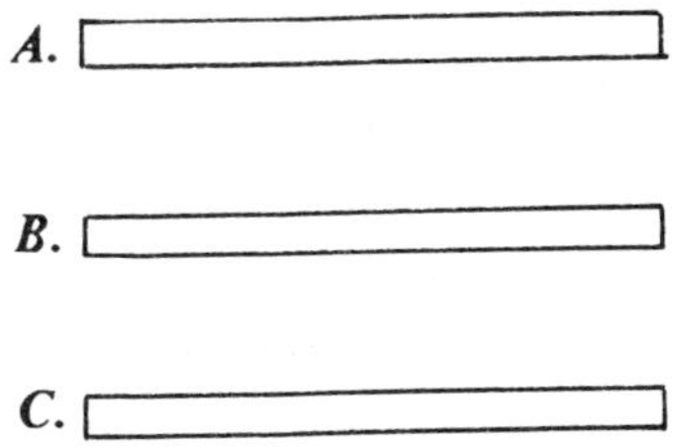

3. Je me sers de toutes les idées contenues dans les diagrammes pour rédiger un petit texte sous chaque phrase-introduction. Ce petit texte sert à préciser la phrase d'introduction et à en donner des exemples. J'utilise seulement les exemples du diagramme qui correspondent à la phrase-introduction.

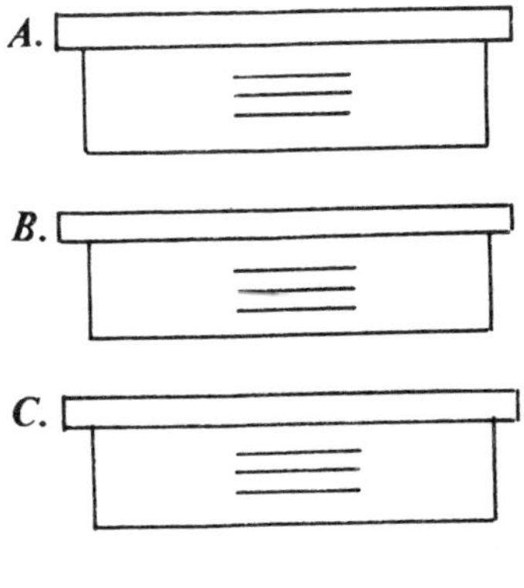

4. Je complète mes paragraphes avec une introduction et une conclusion. L'introduction explique ce que je vais dire dans ma rédaction, donne l'information nécessaire pour que le lecteur puisse comprendre de quoi il s'agit. La conclusion peut exprimer ce que je pense. Je donne mon opinion.

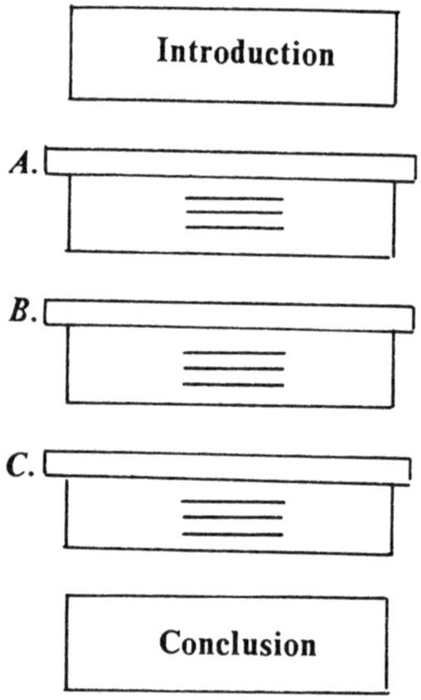

Rédaction collective après un entraînement à la comparaison

Classe de CM²
Enseignante :
Arlette Golder

Je compare la vie au XVIe siècle et la vie au XXe siècle

La vie au XVIe siècle est très différente de la vie aujourd'hui, mais elles ont quand même des points communs.

Au XVIe siècle les gens en général n'avaient pas de chaises mais ils avaient des bancs et des tabourets; maintenant nous avons des canapés et des fauteuils. Les lampes et les lampadaires n'existaient pas car il n'y avait pas d'électricité; ils devaient donc s'éclairer à la chandelle de suif et par mesure d'économie ils se regroupaient à plusieurs familles pour la veillée. Autrefois, les gens mangeaient avec leurs doigts, ils avaient seulement des cuillères, maintenant nous nous servons de fourchettes, de cuillères et de couteaux.

L'éducation du XVIe siècle est différente de celle du XXe. On était plus sévère autrefois.

Au XVIe siècle, les parents étaient exigeants; les personnes devaient s'agenouiller devant les croix et les églises. Ils devaient soulever leur chapeau pour saluer, alors qu'aujourd'hui nous disons bonjour tout simplement. Au XVIe siècle, les enfants ne devaient pas parler à table, aujourd'hui nous avons la parole. L'école est obligatoire jusqu'à 16 ans, auparavant à 12 ans on devenait apprenti et on gagnait sa vie.

Les garçons portaient des robes jusqu'à 7 ans puis ils mettaient les mêmes habits que leur père. Tandis que maintenant il y a une mode spéciale pour enfants. Autrefois, les personnes mettaient des chemises et des bonnets de nuit car il faisait froid la nuit. Au XXe siècle, les pyjamas existent et les bonnets de nuit ont disparu car le chauffage a été inventé et il ne fait plus froid!

Au XVIe siècle, les filles ne portaient que des jupes longues. Maintenant, nous avons inventé des jupes aux genoux et des minijupes et nous portons des pantalons.

Le repas aujourd'hui est très différent de celui du XVIe.

Aujourd'hui on mange beaucoup : potage, salade, viande, légumes, fromage, fruits, maïs. Au XVIe, ils avaient pour les fêtes du pain bis et

pour les déjeuners en famille du pain noir ou rassis. Ils buvaient de l'eau pour le déjeuner et le dîner.
Au XVIe siècle, tous les lépreux sont rejetés. On trouvait des cas de peste car il y avait peu de médicaments. On utilisait surtout des herbes pour soigner, aujourd'hui on utilise surtout des produits chimiques. On ne rencontre plus d'épidémies de peste ni de lépreux, mais le cancer est une maladie que l'on peut rarement guérir et qui fait peur.
Au XVIe siècle, les enfants se contentaient de peu, ils jouaient au cerceau, aux osselets, tandis qu'au XXe siècle nous jouons à des jeux très modernes : ordinateurs, jeux vidéo. Nous regardons la télé, nous avons des magnétoscopes et des magnétophones pour écouter de la musique. Quand il y a une fête nous avons parfois des feux d'artifice, des feux de bengale. Tandis qu'au XVIe siècle, on jouait un petit peu de musique et on jouait à plein d'autres jeux qui sont pour nous des jeux très banals : marelle, 4 pions, corde à sauter...
Ce qui a été inventé au XVIe siècle a été perfectionné par les savants d'aujourd'hui pour notre usage. Par exemple la chandelle a été remplacée par l'électricité. La voiture et le tracteur remplacent le cheval qui labourait les champs et tirait les chariots. Avant, le chauffage n'existait pas et pour se chauffer le feu de bois était nécessaire.
J'aime mieux vivre au XXe siècle car nous avons beaucoup de chance par rapport aux enfants du XVIe siècle, nous avons une vie plus facile, plus libre et plus agréable.

Bibliographie

Babin (P.), Kouloumdjiam (M.-F.), *Les nouveaux modes de comprendre,* Le Centurion, Paris, 1983.

Barth (B.-M.), *L'apprentissage des concepts,* C.E.P.E.C., Lyon, 1981.

Bernard (J.), *Et l'âme? demande Brigitte,* Buchet/Chastel, Paris, 1987.

de Bono (E.), *Réfléchir mieux,* Les éditions d'organisation, Paris, 1985.

Bruner (J.S.), *The process of education,* Harvard University Press, Cambridge, Mass., 1960.

– *On knowing : essays for the left hand,* Harvard University Press, Cambridge, Mass., 1962.

– *Toward a theory of instruction,* Harvard University Press, Cambridge, Mass., 1966.

– *The relevance of education,* W.W. Norton, New York, 1971.

– *Beyond the information given : selected papers edited by J. Anglin,* W.W. Norton, New York, 1973.

– *In search of mind : essays in autobiography,* Harper and Row, New York, 1983.

– *Child's talk : learning to use language,* W.W. Norton, New York, 1983.

– *Le développement de l'enfant, savoir faire – savoir dire,* PUF, Paris, 1983.

– *Actual minds, possible worlds,* Harvard University Press, Cambridge, Mass. and London, England, 1986.

Bruner (J.S.), Goodnow (J.J.), Austin (G.A.), *A study of thinking,* Wiley and sons, New York, 1956.

Bruner (J.S.), Olver (R.R.), Greenfield (P.M.), *Studies in cognitive growth,* Wiley and sons, New York, 1966.

Delorme (C.), *L'évaluation en questions,* ouvrage collectif sous la direction de C. Delorme, E.S.F., 1987.

Dewey (J.), *On Education*, Selectal writings edited by R. Archambault, The University of Chicago Press, 1964.

Feuerstein (R.), *Instrumental Enrichment : an intervention program for cognitive modifiability*, Baltimore University Press, 1980.

Flack (M.), *Des enfants qui réussissent : le yoga à l'école*, ÉPI, Paris, 1985.

Fodor (J.), *La modularité de l'esprit*, Minuit, Paris, 1986.

de La Garanderie (A.), *Les profils pédagogiques*, Le Centurion, Paris, 1981.

– *Pédagogie des moyens d'apprendre*, Le Centurion, Paris, 1982.

– *Le dialogue pédagogique avec l'élève*, Le Centurion, Paris, 1984.

Gimeno (R.), *Apprendre à l'école par la graphique*, Retz, Paris, 1980.

Guilford (J.P.), *The nature of human intelligence*, Mc Graw-Hill, New York, 1967.

Guitton (J.), *Le travail intellectuel*, Aubier, Paris, 1951 et 1986.

Hameline (D.), *L'éducation, ses images et son propos*, ESF, Paris, 1986.

Hofstadter (D.), *Gödel, Escher, Bach : les brins d'une guirlande éternelle*, Paris, Inter-Éditions, 1985.

Husen (T.), *Les stratégies de l'innovation en matière d'éducation, L'éducation en devenir*, Presses de l'UNESCO, 1975.

Jacquard (A.), *Éloge de la différence*, Le Seuil, 1981.

James (W.), *The principles of psychology*, Henry Holt & Co, New York, 1890.

Legrand (L.), *La différenciation pédagogique*, Scarabée, Paris, 1986.

Luria (A.R.), **Yudovich (F.L.)**, *Speech and development of mental Processes in the child*, Staples Press, 1959.

Meirieu (P.), *L'école, mode d'emploi*, ESF, Paris, 1985.

Moyne (A.), *Le travail autonome*, Fleurus, Paris, 1982.

Pappert (S.), *Le jaillissement de l'esprit, ordinateur et apprentissage*, Flammarion, Paris, 1981.

de Peretti (A.), *Pour une école plurielle*, Larousse, Paris, 1987.

– *Les points d'appui de l'enseignant : pour une théorie et une pratique de la pédagogie différenciée*, INRP, 1984.

– *Recueil d'instruments et de processus d'évaluation formative*, INRP, Paris, 1981.

Perret-Clermont (A.-N.), *La construction de l'intelligence dans l'interaction sociale*, Peter Lang, 1975 et 1981.

Piaget (J.), *Le langage et la pensée chez l'enfant*, Delachaux et Niestlé, 1956.

– *Psychologie et pédagogie*, Denoël-Gonthier, Paris, 1969.

– *Où va l'éducation?*, Denoël, Paris, 1972.

Piveteau (D.J.), *Le vrai problème de l'école : pourquoi nous n'avons pas de professeurs*, Ligel, 1968.

– *L'extase de la télévision*, INSEP, 1984.

Polanyi (M.), *Personal Knowledge : towards a post-critical philosophy*, The University of Chicago Press, 1962.

Polya (G.), *How to solve it*, Doubleday, Princeton, N.J., 1957.

Postman (N.), *Enseigner, c'est résister*, Le Centurion, Paris, 1981.

Prost (A.), *Éloge des pédagogues*, Seuil, Paris, 1985.

– *L'enseignement s'est-il démocratisé?*, PUF, Paris, 1985.

Racle (G.), *La pédagogie interactive*, Retz, Paris, 1983.

Richaudeau (F.), *Linguistique pragmatique*, Retz, Paris, 1981.

Rogers (C.), *Freedom to learn for the 80's*, Columbus-Ch. Merril, New York, 1983.

– *Le développement de la personne*, Dunod, Paris, 1966.

Russel (P.), *The Brain Book*, Routledge and Kegan Paul, London, 1979.

Schwartz (B.), *Une autre école*, Flammarion, Paris, 1977.

– *Pour sauver l'université*, Éditions du Seuil, Paris, 1983.

Smith (F.), *Comment les enfants apprennent à lire*, Retz, Paris, 1973 et 1980.

– *Devenir lecteur*, Colin, Bourrelier, Paris, 1986.

Springer (S.), **Deutsch** (G.), *Left Brain, Right Brain*, Freeman, San Francisco, 1981.

Vermeil (C.) et (G.), *Le lièvre et la tortue, adapter l'école à la diversité des élèves,* Stock/Laurence Pernoud, Paris, 1986.

Vigotsky (L.S.), *Thought and language,* MIT Press, New York, 1962.

Wallach (M.), Kogan (N.), *Modes of thinking in young children,* Holt, Rinehart and Winston, Inc. 1965.

Wallon (H.), *De l'acte à la pensée,* Flammarion, Paris, 1970.

Wertheimer (M.), *Productive Thinking,* Edited by Michael Wertheimer, The University of Chicago Press, 1945 et 1982.

Cet ouvrage a été composé
et achevé d'imprimer
en octobre 1992
par l'Imprimerie Floch à Mayenne.
Dépôt légal : septembre 1987.
N° d'imprimeur : 33050.
N° d'éditeur : 391.